Pequeno Livro dos Remédios da Alma

Erik W. Jann

Pequeno Livro dos Remédios da Alma

OBRA PSICOGRAFADA

*** 2a EDIÇÃO ***

EDITORA RESSON
São Paulo
* MM *

Impresso no Brasil / Printed in Brazil

Projeto Editorial
Francisco Eduardo de Figueiredo
Sérgio Vianna

Coordenação
Luiza Helena Aranha
Maria Luisa de Figueiredo

Revisão
Valeska Perez Sarti

Capa
Sérgio Vianna

EDITORA RESSON LTDA
Rua Aniz Christofe, 36 / 04054-040 - São Paulo - SP.
Fone: (11) 577- 6333 Fone / fax : (11) 5584 - 5512

Dados Internacionais de Catalogação na Publicação (CIP)
(Câmara Brasileira do Livro, SP, Brasil)

Shanti, Sárada (Espírito)

Pequeno livro dos remédios da alma : obra psicografada / [pelo espírito Sárada Shanti ; psicografado por] Erik W. Jann. - 2. ed. - São Paulo : Editora Resson, 2000.

ISBN 85-86202-08-8

1. Espiritismo 2. Psicografia I. Jann, Erik W. II. Título

00-2484 CDD-133.93

Índices para catálogo sistemático:
1. Mensagens psicografadas : Espiritismo 133.93

Mestra Sárada Shanti
Médica indiana, nascida em 1885
e falecida no ano de 1960, em Wessex - Inglaterra
(Autora dos textos que compõem esta obra)

Introdução

A RESPEITO DE UM PEQUENO PÁSSARO DE CABEÇA ESCARLATE

Em minha última existência terrena, foi-me concedida a dádiva de nascer e crescer em uma casa ampla, serena e acolhedora, que não se destinava unicamente a abrigar uma pequena e respeitável família indiana, mas, sobretudo, a servir de permanente ambulatório espiritual, democraticamente franqueado a intermináveis levas de corações aflitos, mentes angustiadas e almas sedentas de iluminação, que a ela acorriam como primeira ou derradeira esperança.

O responsável pelo ininterrupto funcionamento desse ambulatório informal era papai Mahaprajna, pois sobre ele recaía a pesada responsabilidade de confortar e aconselhar a todos quanto o procurassem, mesmo em horas tardias, ou antes do romper da aurora. Promover a harmonia entre vizinhos que se detestavam, encaminhar enfermos aos hospitais de Calcutá, ou simplesmente oferecer ouvidos às intermináveis queixas de uma esposa enciumada, eram apenas alguns dentre os seus deveres mais triviais.

Nascido de pais abastados, Mahaprajna Shanti havia recebido refinada educação cosmopolita, tendo sido, em seus anos de infância e juventude, o pupilo predileto de notáveis professores, alguns deles de origem européia. Chegou a aprender vários idiomas e dialetos, conhecimentos estes que lhe facultaram livre acesso aos círculos mais eruditos da Índia. Contudo, a despeito dessa rara combinação de saberes, papai era homem de alma espantosamente simples, cuja sensibilidade, compaixão e paciência acabaram por transformá-lo em uma espécie de "anjo da guarda" dos sofredores, fossem estes ricos ou miseráveis, retos de caráter ou desonestos confessos e empedernidos.

Poucos anos antes de seu casamento, papai sofreu uma grande decepção. Seus cinco irmãos mais velhos o ludibriaram de todas as formas imagináveis, até o ponto em que quase nada lhe restou da polpuda herança de vovô. A bem da verdade, restou-lhe a espaçosa e velha casa dos Shanti, mesmo assim, porque seus gananciosos irmãos a consideravam um estorvo anacrônico, sempre a necessitar intermináveis e dispendiosos reparos.

Segundo discretos relatos de minha mãe, por essa época foi ela aconselhada a desistir de seu casamento com papai. No entanto, ainda que sua decisão acabasse causando inevitáveis desgostos familiares, a jovem e bela Amita manteve-se firme no propósito de desposar aquele homem culto, amável, generoso, porém subitamente empobrecido. Mamãe Amita, aliás, era dotada de grande espírito empreendedor — coisa incomum nas mulheres indianas daqueles tempos.

Tão logo as núpcias se consumaram, teve ela a salvadora idéia de transformar a velha casa dos Shanti em uma pequena hospedaria familiar, despretensiosa mas asseada, e cujo maior atrativo seriam as refeições sadias, variadas e saborosas. Para colocar tal projeto em prática, contou com a ajuda de sua irmã caçula, minha tia Malika, a qual, por haver nascido com um defeito ósseo na perna esquerda, era considerada incapaz de conseguir um casamento realmente digno.

Bastaram alguns meses e a récem-inaugurada hospedaria dos Shanti ganhou fama e respeitabilidade. Aliás, diga-se de passagem, não foram apenas os extraordinários dotes culinários de mamãe os responsáveis pelo sucesso do empreendimento, mas, sobretudo, a cativante personalidade de papai Mahaprajna, que encantava os hóspedes com sua erudição e inata amorosidade.

Creio que, por essa época, foram assentadas as bases do seu futuro ambulatório espiritual, porquanto uma boa parte daqueles que davam preferência à hospitalidade dos Shanti queria, prioritariamente, fazer jus aos sábios conselhos que ele distribuía com extrema boa vontade.

Já estava eu com sete para oito anos, quando tia Malika se apaixonou por um bonito rapaz de Benares, esguio e de modos galantes, mas cujo caráter deixava muito a desejar.

Segundo mamãe, o grande amor de tia Malika era um mero aplicador de golpes, um espertalhão que ainda haveria de infligir terríveis sofrimentos ao coração da irmã. Infelizmente, não tardou e as sensatas previsões de mamãe se confirmaram.

Papai, ao que me recorde, recusou-se a interferir nesse episódio romanesco, ainda mais porque minha tia se mostrava impermeável a quaisquer críticas ou orientações, mesmo que estas partissem de uma criatura suave e bem intencionada como o era seu cunhado.

Certa manhã, fui drasticamente expulsa da cozinha, para (compreendo, agora) não presenciar mais uma das violentas discussões entre mamãe e titia. Amuada, refugiei-me nos braços consoladores de meu pai. Perguntei-lhe, então, muito séria:

— Por que a mamãe está tão brava com tia Malika? Elas já não se gostam mais?

Ele me colocou sentada sobre seus joelhos e disse:

— Sua mamãe está com muito medo que aconteça à tia Malika o que sucedeu ao pequeno pássaro de cabeça escarlate.

— Ah, é? Mas o que aconteceu a esse passarinho, papai? — indaguei, curiosa.

Tentarei, logo adiante, reproduzir a eloqüente historieta que ouvi dos lábios de meu pai, tal como ainda me recordo dela. Muitos anos mais tarde, quando eu estudava medicina na Inglaterra, tive a oportunidade de contá-la a um grupo de colegas de turma, tendo, com isso, obtido o honroso título de "Pequena Filósofa".

Eis a historieta, que na verdade é uma parábola, e cujo poder de síntese em muito se assemelha às brevíssimas narrativas que os budistas denominam *koans*:

*

"Ao avistar a tigela transbordante de alpiste, o pequeno pássaro de cabeça escarlate ficou agradavelmente surpreso. Pensou algo parecido com: "Que felicidade a minha! Já era tempo de me acontecer uma coisa boa assim!"

Sem demora, espiou em derredor, apurou os ouvidos e constatou que, felizmente, não existia indício algum de perigo. Decidiu, portanto, voar diretamente ao encontro daquelas sementinhas crocantes, cujo sabor delicioso ele quase podia pressentir. Todavia, no instante exato em que pousou na borda da tigela, ouviu um estalo agudo e perdeu momentaneamente o equilíbrio. Quis voar de volta à árvore, mas chocou-se violentamente contra uma barreira de estranhos galhos simétricos. Em vão, tentou escapar por outras direções, até descobrir que estava irremediavelmente preso. Preso dentro de um mundo diminuto, cujos limites eram guardados por múltiplas e intransponíveis barrinhas paralelas.

Olhos assustados, a graciosa ave voltou sua atenção para a magnífica tigela de alpiste, mas esta já não lhe seduzia. Surgira, dentro de seu coraçãozinho doído e descompassado, uma sensação nova, aterrorizante. O pequeno pássaro de cabeça escarlate começava a compreender que havia perdido alguma coisa muito importante, muito valiosa — algo ainda indefinido, mas que — ele sentia com absoluta certeza — sempre estivera dentro dele... e, agora, já não estava mais!"

*

Eu, que certamente esperava uma longa e aventurosa narrativa, olhei diretamente nos olhos de papai, como a esperar os desdobramentos do episódio.

Percebendo meu desapontamento, ele sorriu. Depois, indagou com ar divertido:

— Você queria mais, minha pequena Sárada?

— Claro, papai! Queria muito mais...

— Entretanto, a história é simplesmente esta. Ela não pode ser alongada, sob pena de perder todo o seu valor, toda a sua beleza e utilidade...

Coloquei as mãozinhas na cintura e insisti:

— O senhor bem que poderia inventar uma continuação... senão a história fica muito sem graça!

— Não poderia, não. E se você achou a história sem graça, foi porque esperava outra coisa; e como esperava outra coisa, não se deu ao trabalho de tentar compreender melhor o que aconteceu ao pequeno pássaro.

— Ah, mas eu compreendi, sim senhor. O passarinho foi muito guloso e, por isso, acabou preso dentro de uma armadilha...

Subitamente, comecei a entender todo o sentido da breve parábola. Ao meu modo, é claro.

Perspicaz, papai percebeu o que se passava dentro de minha cabecinha.

— Vejo que a pequena Sárada está ficando um pouco mais satisfeita. Muito bem!

Meus lábios se entreabriram num sorriso tímido. Com pose um tanto professoral, comecei:

— A tia Malika é o passarinho de cabeça escarlate, não é? E o namorado dela é a vasilha cheia de alpiste! Acertei? Mas... eu gostaria de saber onde se encaixa a gaiola, a armadilha, papai?

— A gaiola é a própria vida, filhinha. Ou melhor, são as inumeráveis ilusões da vida. Muitas vezes, quando ficamos gulosos e nos deparamos com alguma coisa que nos parece muito boa, enxergamos apenas aquela coisa, e não conseguimos distinguir os perigos que a cercam.

— A vida tem muitos perigos, papai?

— Nem tantos. Mas se você for imprudente como o pequeno pássaro de cabeça escarlate, esses perigos haverão de multiplicar-se incrivelmente, e estarão em praticamente todas as partes, sempre à sua espera. E depois que as armadilhas se fecharem às suas costas, meu benzinho... não restará muita coisa a fazer.

— Já sei, papai! Aí, então... a gente vira passarinho de gaiola!!!

Passados anos e anos, pude verificar que o mundo está repleto de "passarinhos de cabeça escarlate". Milhares, milhões deles estão, a todo instante, voando alegremente ao encontro de uma apetitosa tigela de alpiste. Quantas vezes, eu mesma, por pouco não me vi irremediavelmente aprisionada dentro de uma armadilha qualquer, simplesmente por obra de alguma ilusão que teimava em bailar à frente dos meus sentidos?

Compreendi, também, que a missão de meu pai, em seu ambulatório espiritual, era, justamente, tratar dos infelizes passarinhos cativos, aqueles que já tinham penetrado o espaço da armadilha e só faziam debater-se contra as grades, tentando desesperadamente recuperar a liberdade.

No fundo, é a liberdade o nosso mais precioso legado. Não apenas a liberdade de ir e vir, mas a liberdade de ser o que realmente somos, de viver a nossa plenitude como criaturas de Deus.

No exercício da Medicina, comprovei que uma das mais terríveis angústias que supliciam uma pessoa enferma não é a involuntária restrição da sua liberdade de ação, mas a dor de ver-se impedido de ser o que se é realmente, pois as doenças, de um modo geral, transfiguram os traços da personalidade e alteram a visão que se tem de si mesmo.

As doenças, segundo a sabedoria de papai, fazem parte do imenso leque das ilusões mundanas. São armadilhas do *Maya**, nas quais penetramos sem perceber. O próprio corpo físico, frágil e vulnerável, também é ilusório: dura o tempo do sonho humano e, depois, é redevolvido aos grãos da terra.

Por acreditar profundamente nisto, papai Mahaprajna devotou todo o tempo de sua existência física

---

** Maya: palavra em sânscrito, que significa o Plano das Ilusões. O nefasto poder do Maya está descrito em textos sagrados de inúmeras religiões orientais, desde a mais remota antigüidade.*

à cura espiritual dos homens.

"São os Remédios da Alma", pontificava ele, "aqueles que, verdadeiramente, podem restaurar a harmonia das criaturas! Os remédios físicos não deixam de ter um papel nobre e importante, mas se mostram impotentes diante dos desequilíbrios presentes no aspecto imaterial dos indivíduos!"

Quando, muito orgulhosa, apresentei-lhe o meu grande diploma de médica, conquistado à custa de inenarráveis sacrifícios, ele tomou-me pela mão e conduziu-me até um pequenino armário, preso à parede de sua saleta de meditação. Era um armário tosco, de duas portinholas, sem fechadura ou trinco.

"Aqui", disse-me suavemente, "está o tesouro que os verdadeiros médicos necessitam para o pleno exercício de sua missão!" E, abrindo aquelas portinholas desconjuntadas, anunciou solenemente: "Neste pequeno armário, minha querida filha, estão os verdadeiros e maravilhosos Remédios da Alma! Nunca se olvide deles, ou a sua terapêutica jamais será completamente eficaz!"

No interior do pequeno armário havia três prateleiras estreitas, um tanto empenadas, onde estavam enfileirados diversos frascos de vidro, de variados tamanhos, formatos e cores, cada um deles contendo o que deduzi ser um rolinho de papel.

Estendi a mão e apanhei um dos frascos. Pareceu-me estar segurando uma daquelas garrafinhas de mensagem que os náufragos dos romances sempre atiram ao mar, na esperança de que estas possam ser recolhidas em alguma praia distante.

Discretamente, papai Mahaprajna retirou-se da saleta, deixando-me à vontade para explorar o precioso conteúdo da original botica.

Antes de desarrolhar a garrafinha, pus-me a considerar a extrema importância que meu povo sempre atribuiu às simbologias. Na Índia, tudo o que é considerado grandioso, relevante, sobretudo em se tratando de algo imaterial, logo adquire uma representação física, a fim de poder ser contemplado com os olhos e, até mesmo, tocado com as mãos. Os incontáveis templos religiosos, espalhados por todo o vasto país, são um eloqüente exemplo disto. Neles, figuras graciosas, e por vezes aterrorizantes, esculpidas ou pintadas com cores vibrantes, praticamente recriam a totalidade dos eventos da vida humana e da vida espiritual. Não se trata de mera idolatria, como julgam os observadores menos atentos. O grande propósito é que pobres e ricos sejam permanentemente lembrados das realidades mais significativas ao ideal da iluminação, das coisas que verdadeiramente importam a quem deseja se libertar do sofrimento e galgar os planos mais sublimes da existência.

A botica de papai, conforme eu já intuía, por certo resultava dessa atávica necessidade de trazer para mais perto dos sentidos do corpo os valores que adejam nas dimensões invisíveis, onde reside a própria causa de todas as manifestações concretas.

Novamente a parábola do pássaro de cabeça escarlate surgiu entre meus pensamentos. Compreendi que, de certo modo, papai esperava que eu pudesse assumir um ideal semelhante ao seu, uma missão de socorro aos nossos irmãos "passarinhos", principalmente àqueles que já se encontravam enclausurados nas armadilhas da Ilusão.

Como médica — eu sabia — um longo percurso de dificuldades e de sacrifícios pessoais me aguardava. As ruas estavam repletas de doentes, a maior parte deles sem condições fisiológicas de resistir ao progressivo agravamento de suas moléstias. Não seriam apenas a minha habilidade profissional e um punhado de compostos farmacológicos que haveriam de solucionar os problemas dessa gente. Eu precisaria servir-me de todos os recursos ao meu alcance, principalmente dos que jaziam no seio de uma Sabedoria Maior, secreta e ancestral.

A Inglaterra, onde eu vivera vários anos, adquirindo valiosas qualificações científicas, já não era mais o meu mundo. O meu mundo estava ali, na terra querida que eu escolhera — naquela encarnação — para cumprir minha missão humana e espiritual.

Com reverência e humildade, fui retirando a rolha ressequida que tampava o pequeno frasco.

Pelas janelas entrou uma brisa leve, perfumada. A noite já se anunciava e as gardênias do jardim dos Shanti talvez desejassem saudar-me.

EXPLICAÇÕES NECESSÁRIAS AO LEITOR

Os capítulos seguintes serão destinados à apresentação dos Remédios da Alma. Ao redigir tais páginas, utilizei como ponto de partida as breves mensagens que estavam no interior de cada frasco da botica simbólica de meu pai. Este, por sua vez, não as escreveu de uma só vez, mas ao longo de muitos e muitos anos, à medida que ia crescendo e aprofundando-se a sua experiência no contato direto com sofredores de todos os tipos.

Às resumidas bulas de papai, acrescentei diversos comentários e orientações complementares, os quais eu mesma colhi durante minhas longas caminhadas na Dimensão Física e, também, na Dimensão Espiritual.

Com o coração carregado de sinceridade, amor

e esperança, ofereço esta singela obra aos meus queridos irmãos e irmãs que, presentemente, cumprem suas jornadas de aprendizado no Mundo Material.

Muitas vezes, bem sei, a vida humana pode transformar-se num fardo pesado, incômodo, levando as criaturas à tristeza, à revolta e à mais completa exaustão. Entretanto, nos invisíveis laboratórios da alma, a dadivosa Ciência de Deus preparou poderosos antídotos contra todos os destrutivos venenos emocionais. Se pudermos alcançar tais antídotos, conheceremos o verdadeiro sentido da maravilhosa palavra 'cura'!

No alvorecer do Terceiro Milênio, deparamo-nos com uma Humanidade sofrida, angustiada, imersa em competições predatórias e tolas, cujo propósito único parece ser a conquista de "valores" que não promovem, de modo algum, a tão necessária paz interior.

Felizmente, parte dessa Humanidade já está desperta para as buscas que realmente importam, resgatando e recompondo fragmentos de uma Sabedoria Maior, espiritual, imperecível, sólida e libertária. Desta Sabedoria Maior depende a real evolução da Raça Humana, envoltório carnal de bilhões de almas transmigrantes.

Nós, que já penetramos o seio de uma existência mais plena e transcendida — a Vida Espiritual — temos um compromisso de permanente auxílio a todos os sinceros buscadores da Felicidade Integral. E a eles dedicamos os frutos das nossas colheitas individuais e coletivas, na forma de palavras que os possam iluminar, forças que os recoloquem de pé, e gestos que lhes ofereçam consolo e esperança.

Todavia, cabe-nos o dever de advertir: não existe conquista verdadeira, sem ação esforçada e persistente. Aqueles que esperam encontrar soluções "milagrosas", que dispensem atitudes práticas e determinadas, acabarão frustrados. Em todas as sendas, e sobretudo nas da espiritualidade, o Trabalho Sobre Si Mesmo é o dínamo propulsor que nos leva adiante. De nada adiantará conhecer os maravilhosos Remédios da Alma, se não os alcançarmos com a força ativa da nossa Vontade, e se não nos servirmos deles para dar efetivo combate às enfermidades estruturais do nosso ser.

CAPÍTULO 1

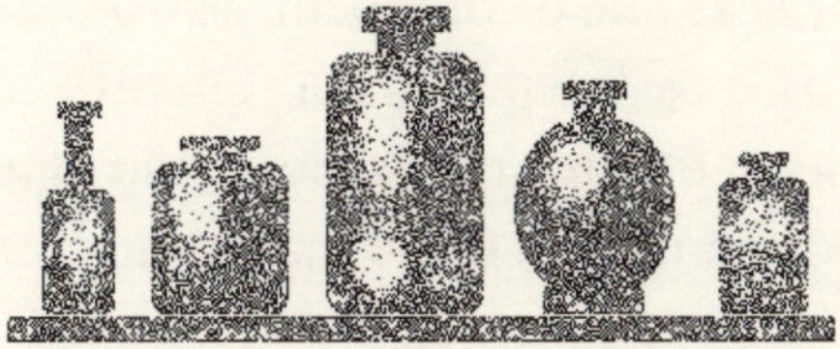

O REMÉDIO DA SIMPLICIDADE

Sendo filha da Pureza e neta da Verdade, a Simplicidade traz consigo uma leveza de sentimentos e uma clareza de idéias e de atitudes.

Não devemos, contudo, cometer o erro de confundir Simplicidade com Humildade ou com Ingenuidade. Cada uma dessas três qualidades possui suas características próprias, que as diferenciam entre si, na essência como na manifestação.

Sentir, pensar, compreender e agir de modo simples significa afastar-se de todos os artificialismos, e de tudo, enfim, que se interponha entre a *verdade do que se é* e a *verdade do que se pretende.*

Todas as coisas que existem são simples em si mesmas, em seu núcleo, em sua essência. Porém, podem parecer extremamente complexas quando estão associadas a outras coisas, com elas interagindo para a produção de algum efeito.

Se observarmos a casa de máquinas de um grande navio, onde vários engenhos mecânicos se relacionam, direta e simultaneamente, uns com os outros, compreenderemos que o *conjunto* é complexo, não as pequenas peças que o compõem. São assim, também, as criaturas e os fatos da vida. Quanto maior for o número de elementos que a eles estão agregados, direta ou indiretamente, tanto mais difícil será compreendê-los.

O segredo de uma vida simples, eficiente e bem sucedida está na capacidade de obter resultados satisfatórios com a combinação do menor número de elementos possível. Complicar é agregar muitos elementos; simplificar é reduzi-los à quantidade mínima.

Há pessoas que são naturalmente simples, desde o nascimento até a morte física (adquiriram tal qualidade por meio de aprendizados colhidos em vidas passadas), e há outras que conquistaram a simplicidade, porque lutaram bravamente para se desprender dos elementos complicadores, devotando parte de sua existência a esta causa.

Uma pessoa simples nunca pretende, com uma só atitude, obter várias coisas diferentes. Isto quer dizer: quem é simples não cultiva segundas ou terceiras intenções.

Para cada intenção deve corresponder uma ação única, reta, objetiva, honesta. Se pretendermos obter vários resultados, necessitamos empreender várias ações, as quais podem, se for o caso, obedecer a uma seqüência lógica, clara e harmoniosa. Jamais, porém, devemos tentar encher dois cântaros em um só jorro d'água, e a um só tempo.

A Simplicidade é um poderoso remédio para as criaturas que, no correr dos anos, se acostumaram a pensar de modo confuso, pela imprudente agregação de centenas de idéias e emoções, geralmente misturando o *real* com o *imaginário*, o que é *fato* com o que não passa de mera *hipótese*. Pensamentos confusos nos conduzem a sentimentos confusos; sentimentos confusos nos aprisionam em teias de dúvidas e de perplexidades, induzindo-nos a percorrer os caminhos do erro e do sofrimento.

Quando ainda não descobrimos os maravilhosos benefícios que a Simplicidade traz, vivemos a transformar pequenos problemas em grandes obstáculos, e grandes problemas em obstáculos intransponíveis. Assim agindo, consideramo-nos derrotados antes mesmo do início de cada batalha. Somos prematuramente abatidos por idéias e sentimentos obscuros, gerados dentro de nós mesmos. Se esses sentimentos fossem mais claros, mais simples, certamente teríamos melhores condições de alcançar as vitórias.

Pessoas simples, realmente simples no pensar e no agir, mesmo que possuam grande cultura e inteligência perspicaz, não se deixam levar pelos julgamentos precipitados, pelas interpretações superficiais, levianas. As mentes maliciosas, cuja natureza negativa está sempre disposta a conceber as piores interpretações e os piores juízos, geralmente dão as costas à Verdade. Preferem criar "suas verdades", aquelas que lhes parecem mais convenientes, que lhes satisfaçam os desejos maldosos.

A Simplicidade pode ser considerada um remédio "de fundo", um remédio básico, aquele que permite aos demais Remédios da Alma efeitos mais profundos e eficientes.

Sempre está ao nosso alcance simplificar as coisas, torná-las mais claras, diretas, puras. Todavia, simplificar é uma "arte" que se aprimora com exercício constante, e não um "dom inato", aleatoriamente presente em algumas criaturas e ausente em outras.

Ser simples é encurtar distâncias, remover falsas barreiras, distinguir melhor o que se pretende ser ou fazer. Muitas "passagens" só podem ser abertas com a Simplicidade, porquanto existem criaturas que passam anos experimentando "chaves" e mais "chaves" em portas que jamais estiveram trancadas. A Simplicidade evita desgastes inúteis e tem o condão de apresentar as coisas em suas reais proporções, sem ilusórias ampliações ou reduções.

O Remédio da Simplicidade necessita ser ministrado em pequenas doses, diariamente, sem interrupções, até que suas radiosas propriedades comecem a produzir efeito, trazendo o alívio desejado. Depois, superadas as crises de turbação e complexidade, tal remédio não pode ser esquecido nas prateleiras da alma. De tempos em tempos, necessitaremos dele, porque sem a Simplicidade tudo se torna mais difícil, mais doloroso e obscuro.

Pauline e o potiche chinês

Exercendo minhas atividades como Instrutora Espiritual, tenho tido o privilégio de assumir um grande número de missões de auxílio, muitas delas voltadas aos bem-amados irmãos encarnados no Plano Terreno. Freqüentemente, tais missões me levam a observar surpreendentes facetas do comportamento humano, as quais só fazem reforçar minhas defesas contra os perigos gerados pelas idéias preconcebidas. Como o tema deste capítulo é a Simplicidade, tentarei oferecer exemplos afins.

Normalmente, acredita-se que pessoas pobres e menos instruídas sejam bem mais simples do que seus irmãos cultos e abastados. Puro engano. Tenho colhido, inúmeras vezes, aprendizados que contrariam tal crença. A ignorância e a miséria não são, absolutamente, antídotos contra o vício de complicar as coisas da vida, de torná-las mais difíceis do que poderiam ser.

Recordo-me do triste caso de Pauline, uma pobre e iletrada faxineira, a quem pude auxiliar em seu desligamento da vida física.

Durante vinte anos, Pauline zelara pela limpeza e boa ordem do luxuoso apartamento de Mme. Henriette, localizado nas cercanias da *Place de la Concorde*, no pulsante coração de Paris.

Patroa e empregada davam-se muito bem, apesar das flagrantes diferenças de educação e de personalidade. Mme. Henriette era mulher culta, bem-nascida, mas surpreendentemente simples. Simples no trato e, principalmente, no modo de pensar. Em oposição, a confusa Pauline mal sabia assinar o próprio nome, e fazia de qualquer "gota d'água" uma verdadeira tempestade.

Certa manhã, ao chegar para mais um dia de trabalho, a empregada deparou-se com as duas filhas de sua patroa. " Sinto muito, Pauline", disse-lhe a mais velha, dispensando rodeios, "mas, de hoje em diante, não iremos precisar dos seus serviços. Mamãe já está bastante idosa e, finalmente, concordou em morar comigo, na Riviera. Este apartamento será fechado e colocado à venda." Notando a expressão atônita de Pauline, resolveu esclarecer melhor: "Eu e minha irmã Sophie achamos mais conveniente levar mamãe daqui, o quanto antes, para evitar que ela se arrependa da decisão tomada. Para que prorrogar um desfecho que será inevitável? Você compreende, não é? Aqui estão o seu pagamento do mês e uma pequena gratificação!"

Com mãos trêmulas, Pauline segurou o envelope.

Nesse momento, surgiu Mme. Henriette e chamou a velha empregada para uma conversa em particular. As filhas saíram da sala.

"Eu sei que isto tudo foi um choque para você, minha boa Pauline. Contudo, já estou sentindo o peso dos anos e não pretendo lutar contra o desejo de minhas filhas. Não quero, entretanto, parecer ingrata aos seus olhos. Sempre a considerei bem mais do que uma simples criada. Por isso, peço-lhe que aceite uma recordação, um presente meu." E, dirigindo-se ao quarto, de lá voltou trazendo um pequeno *potiche* de porcelana chinesa. "Aceite-o, Pauline. Minhas filhas, você as conhece bem, são muito apegadas às coisas deste apartamento, mas não se importarão ao vê-la saindo com esta pequena peça!" Mme. Henriette piscou um olho e sorriu.

Cheia de indignação, a empregada apanhou o *potiche*, disse um seco "*Merci, madame!*" e retirou-se.

Sua cabeça fervilhava, quando alcançou a rua. "Como *madame* pôde fazer uma coisa dessas comigo? Eu, que a servi durante tantos anos... Eu, que sempre fiz muito mais do que era a minha obrigação? De que me serve este enfeite de louça? Uma dama tão rica... Jamais pensei que *madame* fosse tão insensível, tão mesquinha! Ela devia saber que eu também já estou velha. Será que não pensou nas terríveis dificuldades que terei de enfrentar?"

Revoltada, retirou o *potiche* da sacola e colocou-o no chão, aos pés do famoso obelisco egípcio que há anos adorna a majestosa *Place de la Concorde*.

"Quem quiser esta porcaria, que faça bom proveito dela!" murmurou, ressentida. E seguiu seu caminho.

Minutos depois, um velho fotógrafo notou a graciosa peça de porcelana, abandonada à sombra do antigo monumento.

Abaixou-se, apanhou-a e, num gesto de pura simplicidade, retirou-lhe a tampa.

Maravilhados, seus olhos contemplaram um

belíssimo colar de brilhantes e duas magníficas pulseiras cravejadas de rubis, delicadamente protegidos por alvos chumaços de algodão.

A exemplar história de Pauline nos demonstra o quão lamentáveis podem ser os erros nascidos da pura falta de simplicidade.

Se Pauline não se tivesse deixado levar pelas interpretações precipitadas, que sempre ocorrem quando as emoções e o raciocínio se tornam confusos, teria percebido a sutil piscadela de sua patroa; teria destampado o *potiche* e descoberto o legado generoso que ele continha. No entanto, como jamais fora pessoa simples, ela preferiu mergulhar em mil e uma considerações e juízos, deleitando-se morbidamente com o papel de injustiçada. Assim, acabou descartando o pequeno tesouro que lhe asseguraria a subsistência, até o final de seus dias.

Quantas Paulines não estarão, presentemente, atirando fora seus tesouros, suas oportunidades, os legados salvadores que Deus lhes encaminha? Lembremo-nos: até mesmo para destampar um *potiche*, para abrir uma determinada porta, ou para enxergar o que está bem diante de nós... necessitamos certo grau de clareza interior. E clareza interior... só a têm aqueles que, previamente, conquistaram a Simplicidade!

Capítulo 2

O REMÉDIO DA TOLERÂNCIA

A Tolerância é a qualidade que nos permite suportar, sem desarmonia interior, todas as manifestações desconfortáveis, desagradáveis e penosas, que se apresentem dentro de nós mesmos, nas outras criaturas ou, ainda, em determinadas circunstâncias da vida.

Já na tenra idade, grande parte das pessoas é condicionada a fugir de todas as situações identificadas como desagradáveis. Pais e avós, geralmente movidos por excesso de zelo, tendem a superproteger suas crianças, tudo fazendo para que estas não sejam magoadas, nem venham a se defrontar com os aspectos mais "incômodos", "tristes" e "feios" da existência humana. Ultrapassada a infância, essas vítimas do amor superprotetor são repentinamente lançadas ao encontro da mais nua realidade. Espera-se, então, que sejam fortes, resistentes, capazes de superar problemas e de enfrentar as desgastantes batalhas da sobrevivência. Entretanto, quem não aprendeu a desenvolver sua tolerância, dificilmente consegue sair-se bem diante das dificuldades e dos desprazeres que vicejam no mundo.

Quanto menor for o grau de tolerância de uma pessoa, tanto maiores serão as probabilidades de que ela venha a trilhar o caminho da infelicidade. Contudo, resta-nos o consolo de saber que, em qualquer fase da vida, sempre poderemos recorrer ao Remédio da Tolerância. E sua ação benéfica haverá de ampliar nossa resistência emocional, livrando-nos de incontáveis angústias e inúteis revoltas.

Para nos transformarmos em criaturas mais tolerantes, necessitamos aceitar duas verdades bastante significativas. Uma delas determina: "Nem todas as coisas desagradáveis podem ser evitadas". A outra, talvez a mais importante, afirma categoricamente: "Muitas coisas são desagradáveis porque *nós as tornamos assim*".

Buscando detalhar um pouco mais o parágrafo acima, eu diria que a intolerância é uma incapacidade de aceitar a realidade *tal como ela se apresenta*. Portanto, a intolerância é, basicamente, um ato de tola negação. Há quem negue idéias, comportamentos, sentimentos, fatos, simplesmente porque estes não correspondem às suas expectativas pessoais. No fundo, essas pessoas intolerantes são extremamente frágeis, e tentam mascarar sua debilidade por meio de atitudes aversivas, radicais, ou de falsa superioridade.

Pequenos e pouco expressivos atos de intolerância podem acabar favorecendo o surgimento de verdadeiras patologias de personalidade. Portanto, devemos nos auto-observar e tentar compreender cada manifestação de intolerância, como se fora ela o broto de uma erva daninha. Se não o arrancarmos de dentro de nós, esse broto crescerá, deitará longas raízes e alastrará seus tentáculos por todos os cantos do nosso ser.

A Tolerância, assim como a Simplicidade, é uma qualidade que se desenvolve mercê de constantes exercícios. Diante de cada situação difícil ou desagradável, podemos pensar: "Isto é uma realidade. Devo aceitar a manifestação desta realidade e lidar com ela da melhor maneira possível!"

Errará quem confundir Tolerância com as atitudes de covarde resignação ou de passividade servil. A Tolerância é uma manifestação de sabedoria, uma elevada conquista da sensibilidade espiritual, um fruto da compreensão e do profundo respeito às diferentes expressões da natureza humana.

Cultivando a Tolerância, tornamo-nos mais pacientes, menos ansiosos. Nossas palavras e gestos se abrandam, porquanto deixamos de lado uma série de combates inúteis, os quais só nos causariam danos e nos afastariam do nosso ponto de equilíbrio interior.

Lembremo-nos: ser tolerante não é aceitar, indiscriminada e passivamente, tudo o que se apresente em nós ou à nossa frente, e sim evitar todos os desgastes inúteis, resultantes da nossa inabilidade em lidar com os aspectos desagradáveis (e muitas vezes inevitáveis) da existência.

O automóvel do sr. Metta

Na Calcutá dos anos trinta, bem ao lado de nossa casa, vivia a família do próspero sr. Metta, um comerciante de tecidos finos. Embora fizesse questão de dizer a todos que não era um homem rico, foi ele o primeiro vizinho a adquirir um automóvel de passeio.

No dia em que o carro chegou, tendo como portadores dois elegantes funcionários ingleses da Companhia Bentley, de Londres, a nossa pacata rua tomou-se de indescritível comoção.

As crianças da vizinhança amontoaram-se ao redor do veículo, alvoroçadas como um enxame de abelhinhas sobrevoando uma rosca açucarada. Mãozinhas sujas de terra passeavam aqui e acolá, ávidas, frenéticas, percorrendo cada centímetro daquelas superfícies lisas e luzidias. Tudo era novidade; tudo era motivo de admiração.

O orgulhoso proprietário fez questão de oferecer um cálice de licor aos altivos funcionários da Bentley, mas estes deram uma desculpa qualquer e partiram.

Solenemente, o sr. Metta cobriu a cabeça com um boné de couro, colocou um estranho par de óculos, calçou luvas de pelica vermelha e tomou assento ao volante. Percebendo que as crianças teimavam em continuar cercando o automóvel, fez um sinal aos seus dois filhos mais velhos, que saíram de casa com longas varas de bambu e começaram a ameaçar a garotada. Muitos fugiram, assustados. Alguns meninos, porém, mostravam-se deslumbrados demais para abandonar a novidade. As varas de bambu giraram no ar e desceram impiedosamente sobre pernas, ombros e costas. A confusão ampliou-se consideravelmente, quando mães e pais furiosos correram para defender suas crianças. Insultos irreproduzíveis foram lançados contra o sr. Metta, que vociferou a plenos pulmões: "Nunca mais se atrevam a tocar o meu valioso automóvel! Quem o fizer irá arrepender-se amargamente de haver nascido!" Então, acionou o motor e começou a pôr o carro em movimento.

Talvez por desconhecer a potência da máquina, o motorista novato arrancou muito abruptamente, quase atropelando dois dos garotos da rua. Gritos estridentes foram ouvidos, enquanto o Bentley partia, sacolejante, levantando nuvens de poeira.

Daquele dia em diante, o sr. Metta passou a ser detestado pela maior parte dos nossos vizinhos. E se algum garoto mais atrevido resolvia desafiar o comerciante e estender a mão em direção ao automóvel, logo a vara de bambu entrava em ação.

Ao fim de cada tarde, o Bentley era estacionado no quintal do sr. Metta, à sombra de uma grande figueira. Não tardou, certo dia, a vizinhança assistir à derrubada dessa grande árvore. "Por que o sr. Metta mandou cortar a velha figueira?" quiseram saber uns e outros. "Ele não tolerava as folhas que caíam sobre o automóvel", explicava a resignada esposa do comerciante.

Com a remoção da árvore, o sol inclemente passou a ameaçar a integridade da pintura do carro. O sr. Metta, então, foi obrigado a mandar erguer uma garagem de tijolos, coberta com telhas. Por alguns dias ficou satisfeito, mas, infelizmente, a garagem foi adotada pelos cinco cachorros da casa, que a transformaram em dormitório e mictório. Furioso, o sr. Metta amarrou os cinco animais e levou-os para bem longe.

Entristecida com a perda dos cachorros, sua filha mais nova adoeceu gravemente. Mãe amorosa, a sra. Metta exigiu que o marido trouxesse os cães de volta. Contudo, não foi atendida. "Se os cachorros não voltarem, eu e as crianças vamos morar na casa de meus pais!" advertiu a sra. Metta, cuja paciência já se esgotava. "Pois que vão!" retrucou o obstinado comerciante. E completou: "Mas, no momento em que cruzarem o portão desta casa, eu os renegarei definitivamente!" A briosa sra. Metta ficou ofendidíssima, fez as malas e partiu com três de seus quatro filhos. Apenas o primogênito ficou ao lado do pai.

Duas semanas depois, o sr. Metta precisou viajar a negócios. Era viagem rápida, de quatro ou cinco dias. No entanto, por motivos desconhecidos, ele acabou retornando logo no dia seguinte.

Ao cruzar o portão de sua casa, quase desmaiou. O seu querido Bentley não estava mais na garagem.

O desaparecimento do carro foi esclarecido ao cair daquela tarde, quando este ressurgiu, conduzido pelo próprio filho do sr. Metta. A explicação veio muito naturalmente: o rapaz não resistira à propícia ausência do pai e resolvera levar a namorada num longo e inocente passeio motorizado.

Na manhã seguinte, o primogênito foi sumariamente expulso de casa. Com duas malas nas mãos e exibindo um horrendo hematoma no olho esquerdo, partiu a caminho da casa dos avós maternos. Ninguém, em nossa vizinhança, tornou a vê-lo.

Chegado o domingo, como era seu hábito, o sr. Metta retirou o Bentley da garagem para um breve passeio até o centro da cidade. Entretanto, mal chegara à rua, começou a chover. O comerciante achou por bem estacionar o veículo em frente a casa, até que o tempo melhorasse.

Esperou cerca de meia hora, dentro do carro, e como a chuva estivesse custando a passar, achou melhor completar a espera no interior da casa, confortavelmente instalado em sua fofa poltrona de veludo.

A poltrona devia ser realmente macia, pois o sr. Metta acabou adormecendo profundamente.

A chuva transformou-se em tempestade e as águas, em corredeiras lamacentas, foram tomando todas as ruas do bairro.

Acordado pelo estrondo de uma trovoada formidável, o comerciante aproximou o rosto da janela. Seus pensamentos estavam fixos no Bentley, é claro. Mas... aonde fora parar o automóvel? Desesperado, o sr. Metta correu à calçada, ainda a tempo de ver o seu precioso Bentley sendo arrastado para o final da rua, onde — todos sabiam — existia uma vala profunda e infecta.

De suas janelas e varandas, os vizinhos assistiram a tudo, impassíveis. O carro deslizando até a vala, o sr. Metta correndo para tentar evitar a tragédia e, depois de passada a tempestade, o comerciante sentado no meio da rua, chorando feito criança.

Mahaprajna Shanti foi o único a aproximar-se daquele homem. Com sua habitual solicitude, meu pai amparou o infeliz até sua casa.

Horas depois, retornou e disse-nos: "O pobre homem está completamente arrasado! Foi uma tristeza introduzi-lo naquela casa tão vazia, tão silenciosa... Ah, se o sr. Metta tivesse sido um pouquinho mais tolerante... Agora, já que o carro está destroçado, no fundo daquela vala, talvez o nosso caro vizinho possa começar a compreender os inegáveis benefícios que a Tolerância traz!"

CAPÍTULO 3

O REMÉDIO DO COMEDIMENTO

O Comedimento pode ser definido com extrema simplicidade e objetividade: ele é a qualidade que nos mantém afastados de todos os extremos.

Uma pessoa comedida leva consigo, para onde for, a sabedoria da moderação. E quando a moderação se ausenta das idéias, dos sentimentos e dos comportamentos, estes se tornam descontrolados, incapazes de obedecer às medidas e intensidades ideais.

Quem ainda não conseguiu desenvolver o Comedimento vive a perder o controle sobre suas palavras e atitudes, provocando, para si ou para os outros, uma série interminável de transtornos.

Todos os excessos, assim como todas as carências, produzem efeitos negativos. Para tudo, sempre, existe um caminho mediano, central, harmonioso, no qual podemos ver as coisas em suas reais proporções e agir sobre um ponto de equilíbrio.

As pessoas destituídas de moderação nunca sabem quando é chegado o momento correto de começar ou de terminar qualquer coisa. Por isso, além de semear problemas e agravar situações, quase sempre se transformam em vítimas de si mesmas, vítimas de suas próprias ações descontroladas.

Não pode existir Comedimento, sem uma boa percepção das possíveis conseqüências de cada atitude. Além disso, para alcançar o Comedimento, também é necessário que se consiga controlar relativamente bem os desejos e os impulsos.

Na vida, como na arte culinária, os bons resultados decorrem da mistura *bem proporcionada* de diversos ingredientes. Saber pesar e medir é condição indispensável.

Muitas vezes, uma frase a mais põe a perder toda a eficiência de um discurso. O mesmo ocorre quando uma frase fica faltando, quando determinada idéia deixa de ser comunicada. Entretanto, convém salientar, errar por "deixar sobrar" é, geralmente, mais desastroso do que errar "por deixar faltar". Quando algo fica faltando, ainda podemos tentar resolver o problema; quando algo sobra, dificilmente conseguimos remover tal excesso.

O Comedimento não deve ser confundido com a mesquinhez, a avareza, a omissão, a covardia ou a falta de iniciativa. Ser comedido é guiar-se sempre pela lucidez advinda do equilíbrio, valorizando a importância de cada ação a ser manifestada, por intermédio da correta avaliação de suas conseqüências mais prováveis.

O Remédio do Comedimento já recuperou muitas criaturas, devolvendo-lhes a saúde física e mental, tornando-as mais queridas pelos seus semelhantes, e encaminhando-as em direção a desempenhos cada vez mais eficientes, cada vez mais harmoniosos.

As extravagâncias de Miss O'Brien

Na Inglaterra, durante meus tempos de estudante, conheci uma certa Miss Mary O'Brien, que costumava visitar as repúblicas estudantis para vender brincos, colares, pulseiras, pequenos e variados adornos, enfim, que podiam ser classificados como "jóias de fantasia".

Miss O'Brien era uma mulher de baixa estatura, franzina, com olhos azuis muito pálidos. Ostentava uma bela cabeleira branca matizada por levíssima tonalidade azul ciclâmen. No passado, disseram-me alguns colegas, chegara a ser bastante rica. Filha única de um almirante da Real Marinha, herdara expressiva soma em dinheiro, além de diversas propriedades espalhadas pelos subúrbios de Londres. Surpreendentemente, tais bens não tardaram a desaparecer, talvez como resultado de sucessivos investimentos desastrosos, ou devido a ataques predatórios de advogados espertalhões. Conjeturas a parte, ninguém sabia explicar, ao certo, como a outrora rica herdeira se transformara naquela modesta vendedora ambulante.

Num domingo nevoento, estava eu a atravessar a movimentada *Trafalgar Square*, quando avistei Miss O'Brien, lívida e de olhos fechados, parada junto à Coluna Nelson.

Aproximei-me e toquei-a levemente no braço. Assim que abriu os olhos, reconheceu-me: "Você não é a garota africana... aquela que estuda medicina?"

"Sou a garota indiana, Miss O'Brien", disse-lhe suavemente. "Meu nome é Sárada Shanti. Posso ajudá-la de alguma forma?"

A vendedora dirigiu-me aquele olhar desconfiado com que os ingleses costumavam encarar todos os cidadãos estrangeiros. Depois, talvez vencida pela necessidade de desabafar suas mágoas, explicou-me que havia sido vítima de um roubo. Um sujeito grandalhão, com ares de marujo, arrancara-lhe a bolsa das mãos e saíra correndo em disparada. "Toda a mercadoria se foi, garota! Ainda bem que me sobrou alguma coisa em casa! Um policial tentou perseguir o gatuno, mas logo voltou dizendo que o malvado sumira na multidão."

Tentei consolá-la como pude e sugeri que fôssemos tomar uma xícara de chá na confeitaria mais próxima. Ela olhou demoradamente para o meu sári de seda verde e ficou em dúvida. Talvez sentisse algum desconforto em ser vista na companhia de uma criatura tão explicitamente asiática. Por fim, aceitou meu convite e seguimos até uma grande confeitaria de esquina.

Tão logo nos assentamos à mesa, abri minha bolsinha de pano, a fim de me certificar se o dinheiro que trazia comigo daria para cobrir aquela despesa imprevista. Fiz um rápido cálculo mental e descobri que sim. Isto é, eu poderia pagar o nosso chá, mas provavelmente não sobraria o suficiente para a condução de volta. Como se adivinhasse meus pensamentos, Miss O'Brien quis saber se eu estava "desprevenida". Respondi-lhe que não e ela pareceu sossegar.

Durante o chá, entabulamos uma conversa amena. Falamos sobre a umidade de Londres, sobre o alto custo dos aluguéis, sobre a beleza da Catedral de St. Paul...

Então, reconfortada pela bebida quente, Miss O'Brien pôs-se a fazer-me inesperadas confidências. Suas faces adquiriram um colorido mais intenso, enquanto seus lábios deixavam escapar a triste história de sua vida.

Assim, fiquei sabendo que ela recebera, realmente, uma herança muito valiosa. Por esse tempo, vivia em sua grande mansão vitoriana com vista para o Tâmisa. Não tinha parentes próximos, apenas um tio-avô e dois primos em segundo grau, com os quais não se dava. A fortuna herdada não aliviara sua solidão, absolutamente. "Uma moça direita, solteira, sozinha, não podia sair por aí a freqüentar bailes", explicou. "Eu já completara vinte e nove anos, Miss Shanti, mas era muito imatura, uma tolinha... Foi quando conheci Gianni, um jovem aquarelista italiano. Fiquei muito impressionada com sua figura: alto, moreno, de olhos negros e cílios longos. Vi-o pela primeira vez em uma manhã de domingo, ao voltar da igreja. Ele estava parado ao lado do portão de minha casa. Foi muito educado e solicitou permissão para retratar um recanto do jardim, onde havia uma pequena fonte encimada por um anjinho de granito. Não tive como negar. Ele entrou, preparou seu material, suas tintas, seus lápis de pontas finíssimas, e começou a trabalhar. Eu, muito recatada, tratei de entrar e fiquei observando-o a distância, através da janela da sala. Uma hora depois, obedecendo ordens minhas, a criada atravessou o jardim carregando uma bandeja com refrescos e bolos. O aquarelista devia estar passando dificuldades, pois devorou avidamente tudo o que lhe fora oferecido. Ao cair da tarde, recolheu suas coisas e partiu. Entretanto, no dia seguinte, pouco antes do almoço, ele reapareceu e pediu permissão para entrar novamente no jardim. A aquarela não havia ficado tão boa e seria preciso refazê-la. Consenti. Desta vez, atrevi-me a observá-lo mais de perto. Tivemos uma conversa muito agradável, ao fim da qual ele já me convencera a contratá-lo como professor de pintura..."

Miss O'Brien suspirou, enrubesceu, abaixou os olhos, e confessou ter ficado secretamente apaixonada pelo aquarelista italiano. Disse-me, também, que as semanas seguintes foram as mais felizes de toda a sua vida. Professor e aluna percorriam parques, praças, vielas tortuosas, sempre a buscar recantos que os inspirassem a desenhar esboços a *crayon*. Com o passar dos dias, Gianni foi revelando fragmentos de sua história: a infância miserável nos cortiços de Veneza, a orfandade, sua dedicação a uma irmãzinha doente, que ficara aos cuidados de uma família romana, e para quem enviava cada libra ganha com o suor de seu rosto... Mary O'Brien tudo ouvia, comovida, enxergando no aquarelista uma vítima das mais terríveis crueldades do mundo. E quanto maiores eram as desgraças que Gianni relatava, mais amor e mais piedade ele despertava no coração da herdeira.

O Natal já se aproximava, quando Gianni informou à sua dedicada aluna que teria de interromper as aulas. O motivo: a querida irmãzinha piorara de saúde e chamava por ele, do fundo de seu leito de inválida. Sim, ele precisava partir com urgência para a Itália. Talvez não pudesse voltar nunca mais à Inglaterra. Seus recursos não permitiriam. Além disso, a jovenzinha enferma necessitava de um tratamento caríssimo, num sanatório dos Alpes... Não havia como custear tal cura; o anjinho acabaria morrendo... era praticamente inevitável.

A rica herdeira fez o previsível. Colocou grande soma nas mãos de Gianni e suplicou que este aceitasse o legado. O aquarelista relutou um pouco, mas acabou concordando em ficar com o dinheiro "para salvar a vida da pobre menina".

Três meses depois, Gianni já estava de volta. Mais robusto e corado, trouxe boas notícias. Sua irmã estava sob os cuidados de um renomado especialista suíço e, se tudo corresse bem, alcançaria a cura em alguns meses. Mary O'Brien exultou. Finalmente, as aulas seriam retomadas.

Pouco tempo depois, o aquarelista veio com outra história. Desta feita, uma confissão. Revelou que, por ter deixado todo o dinheiro nas mãos do famoso clínico suíço, estava agora passando por uma situação deveras humilhante: seu senhorio o ameaçava de despejo.

Novamente, Mary O'Brien o socorreu. Porém, não achou o bastante entregar nova quantia em dinheiro. Sugeriu, também, que o italiano fosse morar na casinha vazia do jardineiro. Assim, tudo se ajeitaria bem melhor. Nenhum aluguel seria cobrado, é claro.

Gianni mudou-se em março. Tudo correu às mil maravilhas até o final de junho, quando o aquarelista começou a demonstrar certa indiferença aos progressos da aluna. Interpelado, explicou que se preocupava com o futuro. A vida de artista era maravilhosa, mas ele sentia a necessidade de uma posição mais sólida, com a qual pudesse, até mesmo, ter a pretensão de declarar seu afeto a "certa pessoa", de classe social bem superior à sua.

Seria relativamente fácil, para a riquíssima herdeira O'Brien, conseguir um emprego que satisfizesse Gianni. Porém, isso não lhe parecia suficiente. Num arroubo apaixonado, decidiu transformá-lo em seu administrador e procurador. Os velhos advogados, que há décadas geriam os bens do falecido almirante, ficaram furiosos. Em vão, desaconselharam tal loucura. Mary O'Brien não os escutou. Antes, rompeu com todos eles, dispensando definitivamente os serviços da conceituada firma.

O belo Gianni, investido nas novas funções, foi regiamente instalado em uma casa ampla e bem mobiliada, adquirida especialmente para acolhê-lo. Não seria apropriado continuar residindo na casinha do jardineiro, nem ocupar um dos quartos da mansão de uma moça solteira e órfã.

Passaram-se dois anos, ao fim dos quais Mary O'Brien já estava terrivelmente preocupada. Ela não compreendia por que Gianni relutava em lhe propor casamento. O que ainda o impedia?

Desejando obter uma definição a esse respeito, certa tarde, chegou sem aviso à casa de seu procurador. A criada, desconcertada, tentou impedi-la de entrar. Mary empurrou-a e seguiu em frente, resoluta. Ouviu risinhos infantis. Quem seriam as crianças que estariam visitando a casa? Atravessou o vestíbulo e caminhou até o salão. A cena que presenciou estarreceu-a. Uma linda jovem, morena e de formas sedutoras, bordava junto à lareira. A seus pés, duas lindas meninas, também morenas, embalavam graciosas bonecas de porcelana.

"A senhora é a irmã de Gianni?" perguntou Mary O'Brien, ainda tentando afastar o mau pressentimento. A jovem mulher ergueu-se, com olhos espantados. "Eu, irmã de Gianni? Como assim? Sou a esposa dele, naturalmente! Gianni jamais teve irmãos!"

Miss O'Brien não levou muito tempo para concluir sua narrativa. Dispensou os dolorosos detalhes do drama. Revelou, apenas, que Gianni se preparara muito bem para o momento da inevitável revelação. A herdeira descobriu que já não possuía nenhum de seus muitos bens. Todos eles foram negociados pelo procurador, e, até mesmo a grande mansão vitoriana, acabara de ser vendida. Nada mais pôde ser feito, pois todas as transações foram realizadas de acordo com as normas legais...

"Muito obrigada pelo chá, Miss Shanti!" disse-me a pobre senhora, levantando-se. "Tenho certeza de que você há de ser uma boa médica!"

Despedimo-nos e tomamos direções opostas.

Enquanto eu caminhava de volta à república, tive bastante tempo para pensar nos imensos desastres causados pela falta de moderação das criaturas humanas. Lamentei o triste destino de Miss O'Brien, que não soubera identificar o momento exato de frear seus arroubos de generosidade. Depois, então, senti-me ligeiramente culpada, pois nunca havia comprado nenhuma de suas pequenas jóias de fantasia. Entretanto, meus recursos eram mínimos e, desde criança, eu aprendera a utilidade de ser comedida.

Capítulo 4

O REMÉDIO DA ALEGRIA CONTEMPLATIVA

Para um melhor aproveitamento deste capítulo, ouso solicitar um pouco mais da atenção do leitor, porquanto irei tecer considerações em torno de um sentimento bastante refinado, sutil, difícil de ser explicado com simples palavras. Porém, se o leitor estiver suficientemente atento e conseguir captar a essência dessas considerações, será fartamente recompensado; estará desvendando alguns 'mistérios' pertinentes àquele prazer divino que os religiosos ocidentais chamam de êxtase, os monges do oriente definem com o termo '*samadhi*'*, e a grande maioria das pessoas poderia denominar, simplesmente, 'estado de plenitude'.

Diante da palavra 'alegria', imediatamente somos levados a imaginar todos aqueles momentos de

---

* *Samadhi: elevado estado de concentração mental / espiritual.*

contentamento efusivo, nos quais geralmente chegamos ao riso ou às gargalhadas. Tais momentos sempre surgem a partir de eventos divertidos ou auspiciosos, que se originam no mundo externo e, depois de assimilados por nós, estimulam nossas emoções, produzindo prazerosas ondas de exaltação.

Contudo, a Alegria Contemplativa é algo infinitamente mais sublime, mais profundo, mais pleno e mais duradouro do que esses meros instantes de contentamento. É, sim, um sentimento de prazer transcendental, nascido da nossa comunicação com a essência da Beleza e da Harmonia, da própria Felicidade.

Sejamos pobres ou ricos, sábios ou ignorantes, sãos ou enfermos, cativos ou libertos... todos podemos experimentar, em algum grau, a Alegria Contemplativa. A única condição prévia é permitir que nossa sensibilidade se desvencilhe das "capas" de preconceitos que, muitas vezes, existem e a sufocam... e, assim liberta, possa elevar-se em direção aos patamares do chamado 'gozo espiritual' — sendo este um prazer desfrutado com os sentidos superiores do nosso ser, não com os cinco sentidos do corpo.

Não importa se vivemos em uma longínqua montanha do Tibete, se residimos em uma moderna metrópole, ou se já nos desligamos do Plano Físico e habitamos algum mundo da vasta Dimensão Etérica. Onde quer que estejamos situados, teremos à nossa volta, sempre, a grandiosa Obra de Deus, a Mãe-Natureza — "Senhora de Infinitas Faces e de Infinitas Expressões". E exatamente porque estamos permanentemente cercados pela Obra de Deus — e inseridos Nela — qualquer coisa, por mais singela e pequenina, pode ser tomada como ponto de partida para nos conduzir ao Sublime Estado da Alegria Contemplativa. Qualquer diminuta flor do campo, qualquer gotinha de orvalho, uma simples folha seca, um 'insignificante' grão de areia... todas essas coisas podem ser contempladas com os olhos do espírito e, nelas, é possível enxergar grandezas sublimes, grandezas que nos projetam ao sentimento de uma alegria plena e transcendental.

Em muitas ocasiões, escutei meu querido pai dizer: "A tristeza chega, quando fechamos os olhos do espírito! Se os olhos do espírito estão bem abertos, são tantas as maravilhas que eles vêem, que o nosso ser é imediatamente invadido por uma Alegria ímpar, incomparável, indescritível, serena e reconfortante. E essa Alegria tão especial é, também, um poderoso Remédio da Alma, capaz de curar a maior parte dos males que nos atormentam!"

Realmente, diante das pequenas ou das grandes dificuldades da vida, a maioria das pessoas fecha os olhos do espírito e se faz cega para todas as coisas que não sejam seus próprios padecimentos. Estando cerrados os olhos do espírito, mente e coração mergulham nas sombras da desesperança, disto advindo a tristeza. Outras vezes, estando ocupadas com múltiplos afazeres e desfrutes mundanos, as criaturas também cerram os olhos de seu espírito; vêem unicamente a superfície das coisas, estando, portanto, impossibilitadas de desfrutar os sentimentos mais refinados do ser — experimentados apenas quando a sensibilidade se torna mais aguçada.

Existem muitas e diferentes maneiras, por meio das quais podemos alcançar a Alegria Contemplativa. Seria impossível enumerá-las e pouco produtivo tentar organizá-las, passo a passo, assim como fazemos com a receita de um prato saboroso. Entretanto, selecionei uma narrativa que poderá elucidar melhor essa questão da busca da Alegria Contemplativa, ainda que apresente apenas um, entre os incontáveis caminhos possíveis. Trata-se de uma história que ouvi dos lábios de um bem-amado ente espiritual, conhecido como Ashara-menino*. Ei-la:

O marajá e o catador de sal

Na Índia de muitos séculos atrás, havia um marajá cruel e mal-humorado, cuja esposa, a bela marani, era a bondade em pessoa. Sempre que possível, essa marani piedosa procurava reparar as maldades cometidas pelo marido. E quando não conseguia fazê-lo, rogava o perdão dos deuses, redobrando suas ações caridosas para, assim, minimizar o *karma* ruim que o marido atraíra sobre si mesmo e sobre a família.

Um dia, o marajá ficou sabendo da existência de um catador de sal chamado Yogachara, que diziam ser possuidor de uma rara qualidade: jamais se en-

* *Ashara-menino: iluminado ente espiritual, que se apresenta na forma de um garoto de treze anos. Muitos de seus maravilhosos ensinamentos estão registrados no livro "Viagem ao Coração de Deus", de Erik W. Jann, já publicado pela Editora Resson.*

tristecia. Estimulado pela curiosidade, o poderoso monarca logo pensou em ordenar que tal homem fosse trazido à sua presença. Todavia, como andava sentindo um certo tédio, preferiu organizar uma caravana de trinta camelos e cinco elefantes, escolheu alguns de seus servos mais fiéis e partiu rumo às salinas.

A viagem durou três dias inteiros, ao fim dos quais o monarca pôde avistar a pequena aldeia onde vivia Yogachara. Era chegada a época do represamento das águas e todos os trabalhadores, homens e mulheres, já desfrutavam o merecido período de descanso, que se estenderia até quando o mar contido se evaporasse totalmente, deixando ressurgir os novos e alvos depósitos de sal.

Luxuosamente instalado em sua tenda de listras vermelhas e brancas, o marajá empanturrou-se de comida, sorveu duas ânforas de vinho e dormiu doze horas seguidas. Ao despertar, decidiu caminhar até a aldeia. Alguns servos, então, apanharam dois longos tapetes e foram revezando sua colocação sob os pés do poderoso senhor, a fim de que estes não tocassem diretamente o solo rude. E, dessa forma, o cruel marajá alcançou o casebre do homem que nunca se entristecia.

Vendo-se diante de Yogachara, o marajá interpelou-o: "És o homem que desconhece os abatimentos da alma, aquele que goza o privilégio de uma alegria sem fim?"

O catador de sal curvou-se respeitosamente e respondeu: "Sou apenas um homem que procura enxergar, em tudo, a graciosa face de Krishna!"

Irritado com a resposta ouvida, o monarca insistiu: "Ainda não me disseste, claramente, se é verdade que nunca te entristeces com os infortúnios da vida! É isso que desejo saber de ti!"

"Como ousaria entristecer-me", explicou Yogachara, "se minha alma é imortal e viverei eternamente a contemplar as doces feições de Krishna?"

Com o semblante rubro de cólera, o marajá ordenou que os servos cavassem um grande fosso na terra. Quando a obra foi concluída, ele mesmo tratou de empurrar Yogachara para o fundo do buraco. "Agora, catador de sal", bradou, "veremos por quanto tempo continuarás imune às tristezas da vida!" E afastou-se, deixando dois guardas ao lado do fosso, a garantir que o prisioneiro não escapasse, nem recebesse qualquer alimento.

Dois dias e duas noites se passaram. O marajá retornou para junto do fosso e gritou: "Estás com fome e sede, catador de sal?" A voz de Yogachara emergiu do fundo da terra: "Sim, ó magnífico, sinto muita fome e muita sede!"

"Ah", disse o marajá, rindo, "quer dizer que a tua alegria já se esgotou?"

A voz do catador respondeu: "Não, ó magnífico! Eu sinto fome e sede, porém minha alegria ainda é imensa!"

Contrariado, o monarca quis acreditar que Yogachara mentia, mas a sinceridade daquela voz era por demais eloqüente.

Ordenou, em seguida, que o pobre homem fosse

retirado do buraco. Os servos lançaram cordas e o prisioneiro ressurgiu, coberto de lama dos pés à cabeça.

Nesse momento, duas crianças correram a abraçar Yogachara.

"São tuas essas crianças?" quis saber o marajá.

"Sim, ó magnífico, são meus queridos filhos!"

"Pois eu os tomarei de ti!" E, imediatamente, determinou que os pequeninos fossem enviados para o distante palácio e colocados sob a guarda da marani.

Três dias depois, voltou a procurar o catador de sal.

"Sentes saudade dos teus filhos, Yogachara?"

"Sinto, sim, ó magnífico!"

"E a tua alegria... desapareceu?"

"Ainda não. Mesmo sabendo que as crianças se foram para bem longe, o meu coração ainda está com elas, ó magnífico, e continuo vendo, em tudo, o gracioso semblante de Krishna!"

O marajá estremeceu e berrou:

"Pois eu mandarei matar os teus dois filhos! Não achas que, então, cessará essa tua alegria irritante? Como te sentes, agora, na iminência de tão terrível ameaça?"

Yogachara sorriu suavemente e respondeu:

"Mais alegre me sinto, ó magnífico, porque ninguém poderá matar o que não morre jamais! Minhas crianças são almas imortais e, portanto, mesmo que tenham seus corpos despedaçados, logo renascerão e serão belas e fortes novamente! Esta é a fé que carrego comigo, a razão de minha infinita alegria: tudo aquilo que realmente importa, não pode ser destruído; e o que pode ser destruído, em verdade nunca foi importante!"

Inesperadamente tocado em seu coração, o monarca determinou que os filhos de Yogachara lhe fossem restituídos. Depois, partiu de volta ao palácio.

A marani logo percebeu uma profunda mudança nas atitudes do marido. Este passara a agir de forma mais generosa e, espantosamente, deixou de exprimir qualquer revolta diante das contrariedades. Ao ser interpelado sobre a causa de tal transformação, o marajá explicou: "Aconteceu-me algo surpreendente, adorada marani. Creio que contemplei o gracioso semblante de Krishna!" A marani caiu de joelhos e, maravilhada, quis saber como era a radiosa face do Deus.

O monarca, enternecido, disse-lhe: "Ainda que tu, marani, não acredites... Krishna tem as feições singelas de um catador de sal!"

CAPÍTULO 5

O REMÉDIO DO DESAPEGO

O Desapego é a qualidade de sentimento e de comportamento que nos permite "deixar ir", "soltar", "entregar ao seu próprio destino" todas as coisas do mundo — coisas que *podem* estar temporariamente conosco, *podem* ser zeladas e estimadas por nós, mas *não são* realmente nossas.

Alcançamos a virtude do Desapego quando conseguimos compreender e aceitar que a nossa consciência individual, cujo núcleo é o espírito imortal, é a única coisa que verdadeiramente possuímos. Tudo o mais, até mesmo a unidade biológica que chamamos de "meu corpo", não é, de fato, propriedade nossa. Pertence, outrossim, à Natureza Planetária — e a ela será devolvido, um dia, molécula por molécula, átomo por átomo.

Por meio de idéias e ações desapegadas, desprendidas, abnegadas, aprimoramos consideravelmente nossas relações com o mundo e com tudo o que nele existe, afastando-nos das ansiedades, das frustrações, dos desgastes desnecessários, das cobiças e de todas as demais perturbações decorrentes do egoísmo.

Não devemos, entretanto, confundir o desejável e saudável sentimento de Desapego com as atitudes negligentes. Estas são conseqüência direta de atos irresponsáveis ou da preguiça, e costumam ocasionar diversos danos, seja no plano moral, seja no plano material.

Ao correr da vida, muitas coisas (e criaturas) são colocadas sob nossa guarda e responsabilidade. Mesmo estando conscientes de que não somos donos de tais coisas (elas pertencem a si mesmas e ao mundo), precisamos considerar todas elas com o devido respeito e apreço, dedicando-lhes os cuidados necessários, sentindo-nos agradecidos pelo privilégio de têlas conosco — mas sem permitir que em nosso coração se desenvolva o mesquinho apego da posse.

Meu pai costumava dizer que o fato de alguém ter pago muitas rupias* por um passarinho raro não significa, absolutamente, que esse alguém se tenha tornado o legítimo dono da ave. Nem o era aquele comerciante de animais, que efetuou a dita venda, porquanto o passarinho raro pertence (e sempre pertenceu) a si mesmo. Disso deduzimos duas coisas igualmente importantes: todas as posses mundanas são meramente ilusórias e toda a guarda de um bem,

---

** Rupia: unidade monetária, e moeda, da Índia..*

seja ele qual for, é um evento temporário, uma simples custódia. Entretanto, apenas pelo fato de o passarinho não ser, moralmente, propriedade de ninguém, não temos o direito de nos apropriar dele, à revelia daquela pessoa que o custodia, pois a custódia de um bem, determina o surgimento de laços de responsabilidade, os quais, por sua vez, estão intimamente associados às leis do *karma* (causa e efeito).

Cuidar de alguma coisa, amando-a e respeitando-a sem cultivar qualquer sentimento de posse sobre ela, é estar em perfeita sintonia com a verdadeira Liberdade. Somente poderá dizer-se livre aquele que é desapegado, aquele que não se deixa aprisionar pelo ilusório sentimento de posse, aquele que *sabe entregar* da mesma forma que *sabe receber*!

O Desapego é, portanto, um dos mais poderosos Remédios da Alma — o Remédio que nos concede a real libertação e a grandeza espiritual das sinceras entregas!

Outro aspecto importante, e que merece ser destacado, relaciona-se com o lado oculto e sombrio do sentimento de posse. Trata-se da armadilha nele contida: "Quem pensa possuir alguma coisa, na verdade por ela foi possuído!" O marido que acredita possuir a esposa, por ela foi possuído, assim como a mãe que pensa possuir seus filhos, por eles também foi possuída. Em ambos os casos, e em todos os outros que envolvem iguais sentimentos, as criaturas que se julgam donas de algo perderam a sua liberdade essencial, são meias-pessoas, seres cativos e destituídos da verdadeira autonomia que conduz à felicidade.

Somente a mente desprendida, desapegada, pode criar e aperfeiçoar o seu destino. Quando a mente está presa à ilusão de que possui, ou de que deve possuir qualquer coisa, resta-lhe sofrer todas as amarguras advindas do cativeiro que ela mesma concebeu para si. Seja pelo fato de não obter o que tanto deseja possuir, seja pelo fato de temer pela perda do que acredita já estar em sua posse, a mente debate-se em agonias, desestabiliza-se e afasta-se cada vez mais da tranqüilidade e do discernimento.

Por outro lado, a mente desapegada consegue desvencilhar-se facilmente das pressões exercidas pelo *desejo de possuir* e pelo *medo de perder*, podendo, assim, desenvolver todo o seu potencial latente e atingir a conciliadora compreensão de si mesma!

Todo apego é um peso; todo peso nos leva para baixo

Filho enjeitado de uma família extremamente pobre, o jovem Chandra-Dal passara os primeiros dezoito anos de sua vida vagueando de cidade em cidade, pedindo esmolas ou executando pequenos serviços de estiva em navios mercantes. Não tendo residência fixa, dormia quase sempre em determinada praia, dentro de um velho barco pesqueiro avariado, que há muito jazia encalhado num banco de areia.

Certa noite enluarada, Chandra-Dal preparava-se para dormir, quando foi surpreendido pela visão de um veleiro em chamas. O barco estava distante da praia, mas, ainda assim, podia-se avistar a tripulação em desespero, correndo da proa à popa, lançando baldes amarrados com cordas a fim de recolher água para tentar debelar o incêndio. Contudo, as chamas rapidamente ganhavam altura e iam consumindo a embarcação. Passados poucos minutos, uma densa cortina de fumaça tudo ocultou. Logo depois, Chandra-Dal percebeu as silhuetas dos náufragos que, agarrados aos destroços, flutuavam lentamente em direção à praia. Foi quando escutou os gritos desesperados de uma mulher. Distinguiu-a prontamente, pois a infeliz criatura agitava freneticamente um braço, enquanto o outro enlaçava algo que parecia ser um frágil engradado de ripas.

Bom nadador, o jovem atirou-se ao mar e partiu ao encontro da mulher. Alcançou-a sem grande dificuldade e salvou-a do afogamento.

Chegando às areias, Chandra-Dal percebeu que a mulher não passava de uma menina, quase uma criança. Devia ter treze anos e suas roupas, embora rasgadas e encharcadas, eram de fina seda, com delicados bordados a fios de ouro.

Ainda estava com a menina nos braços, quando se viu cercado por uma multidão de curiosos, formada pelos pescadores e suas famílias alvoroçadas. Em meio ao vozerio, entretanto, destacaram-se os gritos desesperados de um homem que acabara de emergir das ondas e cambaleava na direção do ajuntamento. "Minha filha! Minha filhinha!" ele berrava.

Exausto e ofegante, o homem precipitou-se sobre a garota desacordada. "Está viva?" perguntou a Chandra-Dal. Este não teve tempo de responder, pois quase no mesmo instante a menina estremeceu e começou a vomitar grossos jorros d'água. "Imensa é a generosidade de Brahma!" exclamou o pai, eufórico. "Tu, jovem, salvaste minha criança da morte! Saberei recompensar-te por tua bravura!"

Na semana seguinte, cumprindo a promessa feita, o pai agradecido retornou à mesma praia e encontrou Chandra-Dal assando um peixe num braseiro. O jovem ergueu-se prontamente e curvou o corpo em respeitosa saudação.

"Vim trazer a tua recompensa, meu querido jovem, embora eu saiba que nada do que eu possa oferecer-te esteja à altura do benefício que me fizeste! Ainda assim, aceita esta pequena prova da minha gratidão!" E, dizendo essas palavras, colocou aos pés de Chandra-Dal um bauzinho de cedro repleto de moedas de ouro.

O jovem, que jamais havia imaginado estar, um dia, diante de tamanha fortuna, sentiu as pernas fraquejarem e, por pouco, não derreou. "Tens aqui", explicou o pai agradecido, "a justa metade de tudo o quanto amealhei nesta minha vida! Desejo que tomes para ti este legado e faças dele um bom uso, pois percebo que sofreste muitas privações e não tens nem sequer o abrigo de uma simples choupana coberta com amarrados de capim seco! Agora, porém, poderás viver em um pequeno palácio, se quiseres. Terás, à tua frente, uma vida longa e próspera, o que me deixará muito feliz!"

Chandra-Dal, desse dia em diante, teve sua vida transformada. Não comprou um pequeno palácio, mas uma pequena casa de tijolos, a qual mobiliou com as peças estritamente necessárias. Construiu ele mesmo, no piso de seu dormitório, um esconderijo secreto, a fim de ocultar o bauzinho de cedro ainda abarrotado de moedas. Então, pôs-se a pensar, a fazer planos, a imaginar qual destino daria ao seu tesouro. Todavia, nada lhe parecia melhor do que simplesmente manter as moedas de ouro onde estavam, bem escondidas e a salvo dos ladrões.

Passou a regular seus gastos, restringindo-os ao mínimo possível. Não lhe convinha trajar-se bem, pois tal "extravagância" poderia despertar a atenção dos gatunos. Por que comprar alimentos caros, se ele passara a vida toda comendo pão, arroz e peixe? Chegou a pensar em adquirir uma charrete, entretanto logo considerou que precisaria também de um cavalo, e este seria uma boca a mais para alimentar, sem mencionar as despesas com o ferreiro. Desistiu. Continuaria caminhando com seus próprios pés, mesmo porque não sentia vontade alguma de viajar. Se viajasse, teria de levar consigo o bauzinho de moedas, o que lhe parecia uma grande imprudência; se o deixasse na casa vazia, sob o piso do quarto, quem lhe garantiria que lá estivesse ainda, quando retornasse da viagem? Em outra ocasião, surgiu-lhe a oportunidade de comprar uma grande tenda no mercado. O mercador estava disposto a vendê-la, com tudo o que nela houvesse, por um preço mais do que vantajoso. Chandra-Dal titubeou um pouco, mas rejeitou a proposta. A tenda era grande, necessitaria de dois ou três ajudantes-vendedores, cujos salários teriam de ser pagos todos os domingos. Não, definitivamente o comércio se lhe afigurava como uma atividade de grande risco. Melhor seria deixar as coisas como estavam.

Com a chegada da primavera, um vizinho lhe ofereceu uma das filhas como noiva. Era uma mocinha muito bonita, prendada, alegre e de poucas palavras. Chandra-Dal chegou a enamorar-se dela, mas declinou do oferecimento. Uma esposa requereria gastos exorbitantes, conjeturou, imprevisíveis. Além do mais, logo viriam os filhos e, com eles, novas despesas e muitos aborrecimentos. Se ele cedesse à tentação e desposasse a bela e graciosa Pani, logo veria o fundo do seu precioso bauzinho. Manteve-se firme e continuou a tocar a sua vida, como sempre.

Os anos foram passando e, quase sem se dar conta do fato, Chandra-Dal já completara cinqüenta e cinco anos. Perdera o vigor da juventude, mas mantinha-se relativamente saudável. "Graças à vida simples que levo!" dizia aos vizinhos. No entanto, sua vida era solitária e monótona. Não tinha amigos, pois nunca os cultivara, temendo que estes pudessem vir a solicitar algum empréstimo. O seu bauzinho continuava cheio, graças a variadas manobras e estratégias que aprendera a desenvolver com o correr do tempo. Mesmo morando em uma casinha de tijolos, o maduro Chandra-Dal vivia quase tão miseravelmente quanto aquele jovenzinho que, tempos atrás, dormia num barco abandonado.

Um verão atípico, com dias e mais dias de chuvas torrenciais, acabou resultando em verdadeira catástrofe: as águas subiam sem parar, alagando toda cidade e ameaçando os alicerces das construções. A população ia sendo resgatada em barcos, fugindo para as regiões mais altas. Apenas Chandra-Dal continuava em sua casa, irredutível, esperando que as águas baixassem. Porém, as águas continuaram a subir, e a subir, cada vez mais.

Percebendo que sua casa seria totalmente submersa, Chandra-Dal amarrou o seu bauzinho à cintura e decidiu nadar até o torreão de um templo. Ele sempre fora um bom nadador e o torreão não estava tão distante assim. Contudo, talvez pelo peso da idade, ou pelo lastro adicional do bauzinho abarrotado de moedas, Chandra-Dal não conseguiu dar mais de quatro braçadas e, logo, começou a afundar. Por um instante, pensou em libertar-se da carga que mantinha atada à cintura, mas essa idéia o horrorizou. Tentou subir à tona, movendo resolutamente os braços e as pernas. Era tarde demais...

Quando as águas baixaram e a população retornou à cidade, a casa que pertencera a Chandra-Dal permaneceu vazia. Semanas depois, foi ocupada por uma família de onze pessoas, pois o antigo proprietário foi oficialmente declarado desaparecido.

Naquele ano, em diversos lugares, alguns próximos e outros bem distantes, muitas pessoas renderam homenagens à sagrada Trimurti* pela graça de terem achado uma ou duas valiosas moedas de ouro.

---

* *Trimurti: sagrada trindade composta pelos deuses Brahma, Shiva e Vishnu.*

Capítulo 6

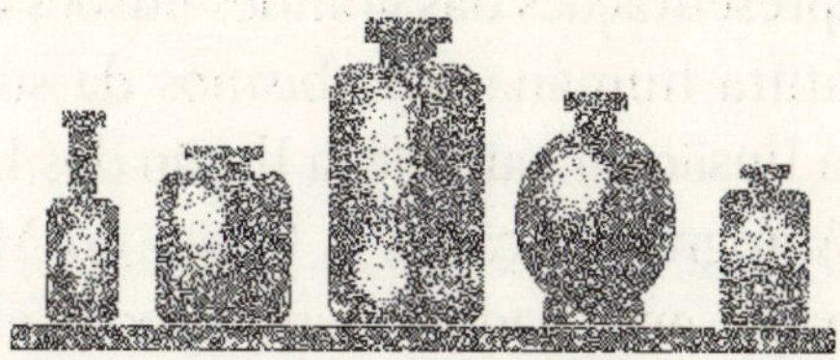

O REMÉDIO DA PERCEPÇÃO PERFEITA

Observar a verdade, tal como ela é, captar com clareza a realidade das coisas e das pessoas, distinguir o real do falso, enxergar através dos mantos da ilusão — tudo isso é a qualidade da Percepção Perfeita. E a Percepção Perfeita é, também, o Sublime Caminho que nos levará à Felicidade Real e, mais além, aos patamares da Iluminação Espiritual.

Na longa noite que antecedeu o momento de sua Plena Iluminação, Buda foi alvo das perigosas artimanhas de Mara*, que consistiam na criação e projeção de sucessivas imagens ilusórias, algumas sedutoras e outras aterrorizantes. O propósito de Mara era o de confundir a mente disciplinada de Buda, fazendo com que esta sucumbisse às alternâncias emo-

* *Mara: no hinduísmo, ente que personifica o Mal, demônio, o "Senhor das Ilusões".*

cionais e se afastasse do sábio discernimento que conduz à Percepção Perfeita. Todavia, Buda não se deixou enganar. Com serena determinação, foi dissolvendo, uma a uma, as imagens que o Senhor das Ilusões ia projetando no espaço. Tais imagens, de extraordinária parecença com a realidade, eram, de fato, simples representações das grandes ilusões que arrastam a criatura humana aos abismos da sua própria perdição: a Ilusão da Vaidade; a Ilusão dos Desejos de Prazer e Autogratificação, e a Ilusão do Medo — a mais terrível e ameaçadora dentre todas elas, a que mais intensamente anula a capacidade de discernir.

Se desejamos alcançar os benefícios da Percepção Perfeita, precisamos compreender que todos os erros, e todos os sofrimentos deles decorrentes, advêm da nossa flagrante incapacidade de separar a *ilusão que envolve cada coisa* da *verdade que ela contém em si mesma*. Tal incapacidade, entretanto, pode ser transformada em capacidade, desde que estejamos sinceramente dispostos a assumir uma vida mais lúcida, na qual evitemos julgar as coisas pelo que elas aparentam ser, atribuindo-lhes méritos e deméritos irreais, apenas para sentirmos algum conforto momentâneo ou para satisfazermos determinados desejos ocultos em nosso coração.

A Percepção Perfeita decorre da *Observação Neutra*, o que significa uma observação liberta de emoções e de intenções pessoais. Normalmente, ao contemplarmos algo, projetamos sobre esse algo uma torrente de sentimentos e de pensamentos que, em síntese, são as nossas próprias expectativas ou os nossos próprios temores. Assim, quase sempre, o que vemos é aquilo que, secreta e intimamente, desejaríamos ver — e não a verdade em si.

O leitor poderá perguntar-se: "Conseguiremos, realmente, atingir uma observação totalmente neutra?" De fato, conquistar uma observação totalmente neutra é dificílimo, se não impossível ao homem comum. Contudo, qualquer grau de neutralidade é sempre desejável e benéfico ao processo de percepção das realidades, independentemente desse grau ser maior ou menor do que o esperado. Simplesmente o fato de buscarmos observar as coisas com a maior neutralidade possível, já é um passo significativo em direção à Percepção Perfeita.

A fim de melhor esclarecer essa questão da observação neutra, citarei uma, dentre as muitas ilusões de que Mara se serviu para tentar impedir a Iluminação de Buda. Sabedor de que todas as criaturas nutrem o secretíssimo desejo de amar a si mesmas, o ardiloso Mara fez surgir a figura viva de um homem, que era a cópia fiel do próprio Buda, e colocou-a diante do Mestre. Este, por instantes, sensibilizou-se ante a sedutora aparição e quis tocá-la com a mão. Logo, porém, descobriu que aquele seu impulso ocultava um sutil desejo de sentir a si próprio, de autogratificar-se, e ordenou à sua mente que destruísse tal intenção, concedendo-lhe uma observação neutra do estranho fenômeno. Imediatamente, a aparição transfigurou-se em Mara e o encanto se desfez.

Mantidas as devidas proporções, todos nós podemos reproduzir a sábia decisão de Buda e tentar banir de nossas observações tudo aquilo que seja meramente a projeção do nosso próprio ego. Apenas assim, conseguiremos compreender a verdade de cada coisa — a verdade pura, clara, profunda e isenta de distorções personalistas.

Existem dois estágios fundamentais, por meio dos quais é possível atingir a Percepção Perfeita.

O primeiro é o estágio da *Penetração*, no qual derrubamos as barreiras da ignorância e entramos em contato direto com a coisa a ser percebida, observada e compreendida. A ignorância é, basicamente, uma ausência de contato, de experiência direta, e não uma ausência de entendimento racional, como pensam muitas pessoas. Necessitamos sempre estabelecer um contato direto com aquilo que desejamos perceber e compreender. Esse contato não precisa ser físico, mas é indispensável certa penetração, ainda que intelectual ou intuitiva.

O segundo estágio é o da *Eliminação*, no qual, uma vez estabelecido o contato direto com a coisa observada, tentamos eliminar, ao máximo, todas as ilusões projetadas sobre ela, todas as máculas que a distorcem, buscando a "visão" de sua verdade mais simples e mais pura.

(Talvez, no afã de esclarecer do modo mais exato possível o que seja a Percepção Perfeita, eu tenha causado alguma fadiga nos leitores. Se tal ocorreu, peço-lhes que aceitem minhas desculpas. Tentarei redimir-me, oferecendo, a seguir, uma narrativa que aborda o mesmo tema, porém de forma mais leve e ilustrativa.)

As confidências do filho do mercador

Naquela noite quente e aromática, estava eu, menina ainda, maravilhada com a quantidade de vaga-lumes que havia surgido no jardim de casa, quando a sineta do portão tilintou, precedendo a entrada de dois hóspedes inesperados: um rico mercador, cujo nome não me recordo mais, e o garoto Shankara Amir, seu filho caçula, do qual ainda guardo vívida lembrança.

Eu gostei do pequeno Shankara, tão logo o vi. Ele era magrinho, tinha cabelos negros cacheados e olhos escuros que vaga-lumeavam num cenho precocemente pensativo. Enquanto meus pais e o dele combinavam o preço da hospedagem, ficamos sentados sob a copa de uma mangueira, em meu banquinho azul de dois lugares. A princípio não nos falamos; eu, tímida e recatadíssima, ele visivelmente incomodado com o meu silêncio. Na manhã seguinte, porém, passamos horas a percorrer os vários cômodos da casa, tagarelando sem parar e inventando mil brincadeiras de faz-de-conta.

Shankara Amir tinha quatro irmãos adultos, três deles já casados. Muito satisfeito, revelou-me que era tio de três sobrinhos, todos eles mais velhos. Fiquei impressionada com tal revelação e, secretamente, censurei papai e mamãe por não me haverem dado nem um único irmãozinho. A hipótese de jamais vir a ser tia incomodou-me profundamente. Depois, aos poucos, fui esquecendo o assunto.

Passados alguns dias, meu novo companheiro de folguedos caiu doente. Fiquei assustadíssima, pois ouvi mamãe comentar que o pequeno Shankara Amir podia estar com o cólera-morbo, uma enfermidade terrível e que geralmente levava à morte. Dois médicos foram chamados com urgência, mas, para alívio geral, diagnosticaram um simples distúrbio gastrintestinal, sem maiores conseqüências. Contudo, receitaram uma infusão de ervas selecionadas, acompanhada de dieta bem leve. Um período de repouso obrigatório também foi prescrito, de sorte que fomos aconselhados a nos restringir aos aborrecidos jogos de tabuleiro, os quais logo abandonamos em favor da pura e simples conversação.

Certa tarde, talvez por sentir-se ligeiramente melancólico, meu amiguinho resolveu abrir o coração e fazer-me espantosas confidências. Confessou-me que mentira deslavadamente ao dizer que tinha irmãos e sobrinhos. Na verdade, era filho único, assim como eu. Sua mãe morrera de parto e ele nem sequer a conhecera, ou vira algum retrato dela. Num tom de voz que me pareceu fantasmagórico, pediu-me o mais absoluto sigilo em relação à terrível confidência que faria a seguir. Com os olhos esbugalhados, mal podendo conter um súbito tremor nos lábios, prometi guardar o segredo, fosse ele qual fosse, não o revelando a ninguém até o instante de minha morte. Uma pausa prolongada e o segredo foi finalmente revelado.

Shankara Amir, tempos atrás, presenciara o assassinato de um homem. Tudo acontecera sob o teto de sua própria casa, em Delhi. O homem discutira violentamente com seu pai e, a certa altura, o ameaçara com a ruína econômica. O pai de Shankara lhe devia uma montanha de rupias e não tinha meios de cobrir tal soma, nem se vendesse a casa, as lojas e os armazéns abarrotados de mercadorias. O menino, agachado sob uma mesa, presenciara, então, uma cena assustadora. Seu pai, desesperado, tomou nas mãos uma pesada estátua do deus Shiva e, com ela, desferiu vários golpes na cabeça do credor. Depois, envolveu o corpo ensangüentado num tapete e o arrastou até o fundo do quintal, onde cavou um buraco fundo e o enterrou.

Trêmula, provavelmente pálida como um lírio, compadeci-me daquele menino infeliz, que seria, para todo o sempre, o filho de um assassino. Mal me refazia da comoção, quando meu amigo retomou suas confidências. Aquela história horrível não era tudo, havia mais. A esposa do homem assassinado, uma mulher bonita e astuta, estava em vias de tornar-se madrasta de Shankara Amir. Sim, pois o pai de meu desafortunado amigo por ela se apaixonara. E o pior: a tal mulher detestava o futuro enteado e tudo faria para que ele desaparecesse. Antes de partirem para Calcutá, a megera havia presenteado o garoto com um punhado de uvas secas. Ele comera duas ou três há alguns dias, apenas. Provavelmente estavam envenenadas com algum pó mortífero...

Na semana seguinte, Shankara já estava totalmente recuperado e pôde partir de volta a Delhi com seu pai, o mercador.

Eu fiquei vagueando pela casa, muda e cismativa. Perdi o apetite, desisti das brincadeiras que antes me entretinham, assumindo a postura sonambúlica de uma alma penada. Apesar da insistência com que meus pais, obviamente preocupados, tentavam descobrir a razão de minha angústia, eu me mantive fiel à promessa de eterno silêncio e nada lhes revelei sobre as confidências de Shankara Amir.

Minha recuperação não foi rápida. Recordo que se passaram muitos meses até que a terrível história deixasse de me atormentar, se bem que jamais se tenha dissolvido no completo esquecimento.

Trinta anos depois, já tendo eu regressado da Inglaterra com meu diploma de médica, fui visitar um velho amigo de meu pai, em Delhi. Este se encontrava muito enfermo e já estava com mais de noventa anos. Uma de suas filhas, cuja idade regulava com a minha, apresentou-me orgulhosamente o marido, que não era outro senão o próprio Shankara Amir, agora obeso, calvo, mas visivelmente próspero.

Não nos reconhecemos, obviamente, senão ao curso da conversa e depois de enveredarmos pelo acidentado terreno das reminiscências. Num dado momento, quando a esposa se retirou para providenciar o chá, não pude resistir mais e mencionei o velho episódio de suas confidências infantis, afirmando-lhe que nunca quebrara a minha solene promessa de sigilo. Ele explodiu em gargalhadas, chegando quase a sufocar. Disse-me, então, com todos os magníficos dentes à mostra, que aquelas terríveis confidências não passaram de invencionice. Ele nunca fora órfão, tampouco seu honrado pai matara uma simples mosca azul. Sorri, constrangida, enquanto o esfuziante Shankara Amir apontava o gordo indicador em minha direção e sucumbia a novos ataques de riso.

Retornando a Calcutá, encontrei meu querido e curvado pai tentando organizar seus antigos e preciosos livros, que se acumulavam em todos os cantos da casa.

Abracei-o delicadamente e nos assentamos no velho banco azul que ainda permanecia no jardim, sob a mangueira. Contei-lhe, então, sobre o meu reencontro com Shankara, revelando o motivo pelo qual, há tantos anos passados, eu naufragara naquele misterioso surto de melancolia.

"Viu como fui tola, paizinho? Acreditei piamente nas mentiras daquele menino e sofri meses e meses, inutilmente! Mesmo adulta, diversas vezes orei fervorosamente, pedindo a Deus que neutralizasse as amarguras do infeliz Shankara, dissolvendo-lhe as lembranças terríveis. E, por fim, não havia nenhuma lembrança terrível!"

Ele tomou minhas mãos entre as suas e disse-me:

"Não vejo tolice alguma, minha querida; simplesmente uma falha de percepção, muito natural na criança que você era. Como nunca foi de sua natureza mentir, você projetou toda a sua honestidade no garoto Shankara e tomou como verdadeiras as suas palavras. Lamento muito que essa história tenha estado em sua mente durante tantos anos, mas, agora, liberte-se definitivamente dela! Além do mais, de uma forma ou de outra, as suas orações não foram em vão. Shankara Amir não lhe pareceu um homem livre de amarguras? Pois, então..."

CAPÍTULO 7

O REMÉDIO DA COMPAIXÃO

Em seu sentido mais elevado, a Compaixão é um desdobramento do Amor mais puro e desinteressado; é a qualidade que nos torna sensíveis aos padecimentos de todas as criaturas viventes, despertando nossos sentimentos de profunda fraternidade e de sincera solidariedade.

Por meio da Compaixão nos aproximamos espiritualmente dos seres que sofrem qualquer tipo de dor (seja ela física ou moral), qualquer tipo de desequilíbrio (seja ele íntimo, imanifestado, ou comportamental, manifestado), unindo o nosso coração ao deles e percebendo-os como nossos irmãos necessitados de ajuda.

Ao contemplarmos um enfermo, o pensamento da Compaixão nos estimula a oferecer-lhe a cura. E se tal cura se mostra além do nosso alcance, somos motivados a oferecer-lhe a ternura de algum consolo. Diante de alguém que se afastou do caminho correto e anda a trilhar a senda dos vícios ou da desonestidade, a Compaixão nos impede de julgá-lo, condená-lo, discriminá-lo, ou crer que ele seja, de qualquer modo, inferior a nós, ou, ainda, indigno do nosso respeito e do nosso apreço. Antes, a Compaixão nos inspira a tentar reconduzi-lo ao caminho correto, a fim de que ele possa reconquistar o seu equilíbrio perdido. E caso ele se mostre obstinado ou indiferente, a Compaixão nos concede a humildade da real aceitação e do real desapego, para que o entreguemos ao seu próprio destino, aquele que ele próprio escolheu para si, como sua trilha de aprendizado pessoal.

Diante de um inimigo que nos afronta com palavras e atitudes destrutivas, a Compaixão nos confere a sublime virtude da inofensividade, e a perfeita compreensão de que toda violência é a manifestação de uma doença psicológica, moral ou espiritual. E, reconhecendo o inimigo como uma criatura enferma, o nosso coração dela se compadece, não se permitindo acolher nenhum ressentimento ou amargura, nenhum desejo de revide ou de justiçamento.

Diante de uma criatura inábil, deficiente em qualquer de suas capacidades físicas ou mentais, a Compaixão nos afasta dos pensamentos, sentimentos ou atitudes que possam denotar superioridade, vaidade, orgulho por sermos mais competentes, ou alívio por não padecermos daquelas imperfeições e restrições. Afasta-nos, igualmente, da piedade arrogante e da caridade opressiva, que concede, mas humilha.

Diante de qualquer situação, a Compaixão sempre nos leva a perceber a sensibilidade das demais criaturas, e por conseguirmos percebê-la nos acautelamos, dominamos nossos impulsos, dosamos nossas palavras, filtramos nossos gestos, a fim de não as magoarmos inutilmente, de não as diminuirmos perante nós ou quem quer que seja. Assim agimos porque estamos plenamente conscientes de nossa irmandade espiritual, dos laços que nos ligam uns aos outros. Quando, voluntária ou involuntariamente, diminuímos alguém, ou o oprimimos com o peso de uma humilhação, todo o nosso ser se curva e se alquebra, posto que uma única e mesma "espinha" sustenta todos nós — filhos de Deus.

A meta da Compaixão sempre é a Felicidade. Aquele que se compadece sinceramente está a desejar que alguém pare de sofrer, a fim de que esse alguém possa reerguer-se e ser novamente são, novamente feliz. O oposto da Compaixão é a Impiedade, cujas negras raízes extraem seu alimento do Egoísmo, da Vaidade, da Superficialidade e da Indiferença.

Uma criatura compassiva é como uma fonte de água fresca e cristalina, cujo jorro contínuo e abundante se oferece gentilmente a quem dela se aproxime, seja para saciar a sede, para umedecer a fronte abrasada pelo sol, ou para lavar as impurezas que cobrem uma ferida aberta.

Uma vez entronizada em nosso coração, a Compaixão flui em correnteza que jamais se exaure, pois nasce dos inesgotáveis mananciais do Amor, os quais, por sua vez, provêm diretamente do Imensurável e Misericordioso Coração de Deus.

O milagre das lágrimas

Para completar este capítulo selecionei a narrativa de um fenômeno verídico, ocorrido na Itália dos anos vinte, e que, à época, ficou conhecido como "O milagre das lágrimas". O fenômeno, em si, não é mais significativo do que a progressão dos fatos que, em tese, deram origem a ele. Esses fatos nos oferecem o útil aprendizado, a percepção dos perigos ocultos nas palavras e gestos levianos.

Acompanhando o caso que segue, o leitor perceberá como a ausência da Compaixão Humana pode culminar na cruel destruição de trajetórias felizes e produtivas, penalizando criaturas inocentes e corroendo a sensibilidade de toda uma população. Tal como um jardim de ervas daninhas, palavras e pensamentos maldosos alastram-se rapidamente em todas as direções, contaminando centenas ou milhares de espíritos fracos, e transformando uma pequena cidade em verdadeira teia de impiedades. E, uma vez armada, tal teia dificilmente se desfaz, exceto quando surge um fato novo, grandioso e suficientemente impactante para despertar as criaturas e recolocá-las nos caminhos do amor, do respeito ao próximo e da solidariedade. Porém, na maioria das vezes, não surge nenhum fato grandioso, nenhum 'milagre', e resta a cada coração arcar com o peso de suas culpas não redimidas.

Eis a narrativa:

Alberto Pascoli tinha apenas cinco anos, quando sofreu o grave atropelamento. Puxada por dois cavalos famintos e desgovernados, uma carroça carregada de lenha avançara pela praça, derrubando tudo o que havia pela frente e terminando por se projetar sobre o inocente.

A princípio, todos julgaram que o pequeno Alberto não resistiria aos ferimentos, mas ele deu mostras de espantosa resistência e sobreviveu — embora tivesse de carregar, por toda a vida, uma perna defeituosa e um braço semimorto. Mesmo assim, cresceu sem manifestar qualquer ressentimento. Tornou-se um rapazinho alegre, interessado pelos estudos, verdadeiro exemplo de vitória sobre as adversidades.

Durante os meses de inverno, sofria terríveis dores nas juntas e seu caminhar claudicante acentuava-se bastante. Não reclamava. Seguia a sua vidinha, resignado, esperando pelo calor ameno da primavera, quando as dores finalmente cederiam e ele voltaria a cruzar as ruas da cidade, quase com a mesma desenvoltura de um rapaz normal.

Graduou-se como professor primário aos dezoito anos, prosseguiu sua trajetória acadêmica e, aos vinte e sete, conquistou o cargo de diretor do Colégio São Rufino — onde lhe foram destinados cinco cômodos mobiliados, em uma edificação anexa ao pavilhão ginástico.

Justamente por essa época, Pascoli veio a conhecer a romana Raffaella D'Annúnzio, jovem professora recém-contratada e, inegavelmente, a mulher mais bonita que já pusera os pés naquele tradicional educandário. Tomados de mútua simpatia, o diretor e a nova professora não tardaram a usufruir uma prazerosa camaradagem, que se traduzia em longas conversas e na inocente troca de seus livros prediletos.

As outras mestras do São Rufino, obviamente enciumadas, demonstraram extrema frieza em relação à nova colega. E como esta evidenciasse sinais de fina educação, e a todos oferecesse um tratamento amável e respeitoso, ficava realmente difícil apontar um ponto falho no caráter de Raffaella, que, além do mais, dominava sua profissão com inquestionável competência.

Começaram, então, os boatos maledicentes, os gracejos de gosto duvidoso, que ridicularizavam a estreita amizade entre a beldade romana e o diretor aleijado. Em poucas semanas, nos sussurros dos grupetos de professores, Alberto já era chamado de "O Amante Torto", e Raffaella D'Annúnzio recebia a absurda alcunha de "A Pervertida". Entre cochichos e risinhos, as mais escabrosas conjeturas iam ganhando contornos cada vez mais nítidos e recheando-se de detalhes picantes. Cenas absolutamente imaginárias eram inventadas pela manhã e comentadas, ao fim da tarde, como se fossem verdades absolutas.

Por ocasião do Piquenique Anual do São Rufino, os falatórios já haviam alcançado um estágio que beirava o clímax. Logo no início do evento, o diretor e a bela professora foram solenemente desprezados. Chegaram mesmo a ouvir certas frases ofensivas lançadas ao ar, aqui e ali, sem qualquer pudor. Só então se deram conta da boataria infame que corria de boca em boca.

Alberto dirigiu-se a Raffaella e, lívido, manifestou suas mais sinceras desculpas. Jamais imaginara que aquela honesta amizade pudesse dar margem a suspeitas tão escabrosas. E revelou sua intenção de esclarecer publicamente os fatos, a fim de colocar um ponto final naquelas calúnias absurdas. A jovem romana recusou as desculpas do diretor e manifestou-se radicalmente contrária à idéia de esclarecer qualquer coisa. Afirmou que ambos eram solteiros e adultos, totalmente inocentes, não haviam feito nada de errado, portanto não deviam nenhum esclarecimento àquela gente maldosa. Propôs que os dois ignorassem o falatório vil e mantivessem o mesmo comportamento de sempre. Alberto ficou em dúvida, mas acatou a opinião da amiga. Mesmo assim, retirou-se cedo, bem antes que as imensas cestas de merenda fossem abertas sobre as mesas montadas à sombra das figueiras. Raffaella ali permaneceu mais tempo. Chegou a experimentar uma fatia de queijo e beber dois goles de vinho. Porém, não suportando a saraivada de olhares raivosos, também partiu.

Na manhã seguinte, uma segunda-feira, quando os portões do Colégio São Rufino se abriram, não havia estudantes esperando para entrar. Ou melhor, apenas dois rapazinhos cruzaram o pátio e adentraram os corredores internos. Um desses jovens era Alfredo Trentini, filho do açougueiro; o outro, Aurélio Barbiere, um garoto atrevido e briguento, cujo baixo aproveitamento escolar já lhe custara duas repetências. Todavia, encontrando todas as salas de aula desertas, eles retornaram ao pátio e ficaram a chutar uma velha bola de meias.

Tudo permaneceu assim, até perto da hora do almoço, quando chegou uma comissão de professores e pais de alunos, liderados pelo bispo Benedetto Somma, digníssimo presidente do Egrégio Conselho de Orientadores do São Rufino.

Alberto recebeu o grupo em sua sala, ao lado da fiel amiga Raffaella. O bispo não perdeu tempo e tratou de apresentar as reivindicações da comissão. O que desejavam se resumia a duas coisas, nada mais: o imediato pedido de demissão de Alberto e o afastamento definitivo da professora romana. Caso não fossem atendidos, as autoridades seriam convocadas a intervir no caso e o boicote persistiria.

Não houve discussão. Alberto assentou-se à escrivaninha, redigiu sua carta de demissão e entregou-a ao sacerdote. Raffaella D'Annúnzio fez o mesmo. Surpresos com o rápido desfecho, os membros da comissão retiraram-se. Estavam satisfeitos, mas ligeiramente desconcertados. Haviam-se preparado para um longo e polêmico debate, e este simplesmente não acontecera.

Alberto Pascoli deixou o colégio na tarde daquele mesmo dia, levando consigo duas malas, as quais foi arrastando pelas ruas até chegar à pequena casa de sua mãe.

Raffaella D'Annúnzio embarcou no trem noturno, depois de entregar ao bispo Benedetto um endereço de Roma, para onde deveria ser remetido o dinheiro que o São Rufino lhe devia.

Passaram-se meses. Alberto Pascoli, antes alegre e cheio de planos, tornara-se a sombra distorcida do que fora. Entregara-se ao vício da bebida e, freqüentemente, era visto arrastando-se de bar a bar, malvestido e cheirando a vinho azedo. Alfredo Trentini, o filho do açougueiro, era o único, além da velha Sra. Pascoli, que demonstrava importar-se com os padecimentos do ex-diretor do São Rufino. O rapazinho, quase todas as noites, saía em busca de Alberto e amparava-o de volta a casa.

Chegou novamente o inverno e a Sra. Pascoli adoeceu. Sem dinheiro para custear o tratamento, Alberto vestiu o seu terno menos roto e saiu em busca dos velhos amigos, para tentar obter um empréstimo. Ninguém o quis receber. Desolado, e tendo como único amparo a companhia do bondoso Alfredo Trentini, recorreu ao próprio bispo Benedetto, o executor de sua execração pública.

Horas intermináveis passaram Alberto e Alfredo no vestíbulo do Palácio Episcopal, aguardando uma entrevista com Sua Excelência Reverendíssima. Finalmente, foram agraciados com três minutos de audiência.

O bispo Benedetto incomodou-se profundamente com o aspecto andrajoso de Pascoli e admoestou-o: "Como um ex-diretor do São Rufino pôde descer tão baixo? Não vês que a tua triste figura está denegrindo o bom nome do nosso colégio?"

Alberto desculpou-se e pediu ajuda para salvar sua pobre e enferma mãe.

Depois de ouvi-lo, o bispo serviu-se de um bombom licoroso, limpou o líquido doce que lhe escorrera pelo queixo e dirigiu-se ao garoto Alfredo: "E tu, rapaz, o que fazes aí, parado como um dois de paus? És o escudeiro de Pascoli? Teu pai sabe que estás em tão perigosa companhia? E para onde olhas tão fixamente, estou com alguma sujeira sobre meu ombro esquerdo?

Alfredo respondeu apenas à última pergunta de Sua Excelência Reverendíssima: "Estou olhando para aquela imagem de São Francisco. Aquela que o senhor tem atrás de si."

O bispo Benedetto, com os dentes escurecidos pelo chocolate, indagou: " E o que achaste de tão extraordinário na estátua do santo?"

"Nada de extraordinário, senhor", respondeulhe o garoto, sorrindo. " Eu... apenas..."

"Você apenas o quê?" insistiu o bispo, servindose de mais um bombom.

Alfredo, então, completou: "Eu apenas estava pensando... por que lavaram o santinho e esqueceram-se de enxugá-lo?"

"Enxugar?" o bispo ergueu a voz. "Quem te disse que o santo foi lavado, rapazinho tolo?" E, virando o corpo, deparou-se com o semblante marmóreo de Francisco de Assis, de cujos piedosos olhos escorriam contínuos e cintilantes filetes líquidos.

Caindo de joelhos, o bispo Benedetto cobriu o rosto com as mãos. Chorou convulsamente o pranto amargo da vergonha e do arrependimento. Trêmulo, constatou que, pela primeira vez em toda a sua vida, podia sentir a poderosa Presença de Deus em seu coração. E pela primeira vez, também, podia compreender o significado da palavra Compaixão!

Capítulo 8

O REMÉDIO DO PERDÃO SINCERO

Sem dúvida alguma, o Perdão Sincero é um dos mais poderosos e necessários Remédios da Alma. Por meio dele conseguimos a cura de inúmeros males — manifestados no corpo físico, na mente e no espírito — que tiveram sua origem no ressentimento, no inconformismo e no desejo de vingança. Entretanto, somente poderemos oferecer o Perdão Sincero, depois de já nos termos autoministrado algumas doses de três outros Remédios: o da Tolerância, o do Desapego e o da Compaixão.

Quando perdoamos sinceramente a alguém, estamos promovendo a nossa própria libertação; estamos permitindo a ruptura de um elo negativo, feito de mágoas e de revoltas, que nos mantinha mentalmente aprisionados às criaturas que nos feriram ou nos causaram alguma decepção marcante.

Por meio do Perdão Sincero conquistamos a oportunidade de restaurar a nossa saúde emocional, a nossa harmonia interior, adquirindo, assim, uma nova e mais respeitosa visão de nós mesmos.

Se acalentamos qualquer mágoa, se cultivamos o secreto desejo de presenciar o castigo daqueles que nos causaram mal, o nosso psiquismo vai sendo progressivamente intoxicado com tais sentimentos negativos, podendo disto decorrer a formação das mais variadas moléstias. Tais moléstias serão, então, o efeito direto dos sentimentos venenosos que mantivemos circulando dentro de nós.

Muitas pessoas nem sequer sabem, conscientemente, que precisam oferecer o Perdão Sincero, por conta de pequenas ou grandes violências que sofreram. Essas violências, por sua vez, podem ter acontecido há muito tempo atrás, na tenra infância ou nos primeiros anos da juventude, estando alojadas nos fundos porões da memória. E lá, nesses porões sombrios, elas agem como verdadeiras fontes de negativismo. Portanto, a "Cura pelo Perdão Sincero" começa, sempre, com uma viagem mental aos fatos do nosso passado, uma revisitação aos episódios que nos marcaram dolorosamente. Uma vez reencontrado cada episódio de sofrimento, cabe-nos a tarefa de dissolvê-lo. E o dissolveremos no Perdão Sincero, dirigido à pessoa (ou pessoas) que nos infligiu um sofrimento marcante, voluntária ou involuntariamente. Seguramente, conseguiremos perdoar esses nossos ofensores, porque estaremos conscientes de que eles, naquela época e naquela circunstância, agiram de acordo com o grau de consciência de que dispunham, em consonância com seu nível evolutivo, não tendo podido nos oferecer nada diferente daquilo que, de fato, ofereceram. E estaremos, também, certos de que não nos cabe a tarefa de julgar os nossos ofensores, mesmo porque não teríamos a necessária isenção, a imprescindível imparcialidade.

Ao oferecermos o Perdão Sincero, estamos, também, perdoando a nós mesmos. *"Quem perdoa... perdoa-se!"* Sim, porquanto ao nos libertarmos de uma velha mágoa, estamos nos autoconcedendo o perdão pelos danos emocionais que causamos ao nosso próprio psiquismo, ao nosso próprio corpo físico, durante todo o tempo em que permanecemos guardando sentimentos de mágoa ou desejos de vingança.

A dificuldade de perdoar revela, sempre, a ausência de compreensão. Ou melhor: a ausência da *intenção de compreender*. Quem não consegue oferecer perdão, geralmente se nega ao exame de todos os ângulos de uma situação. Aferra-se ao seu ponto de vista de vítima e imobiliza-se em sua própria amargura. Para perdoar necessitamos compreender, e para compreender necessitamos criar um distanciamento emocional.

Quando mergulhados em sentimentos de raiva, de frustração, de indignação, a nossa visão dos fatos é muito distorcida; a realidade que vemos está contaminada pela projeção do nosso sofrimento pessoal. O que nos parece ser uma "verdade absoluta" é, quase sempre, uma mínima fração da Verdade Total. Normalmente, só conseguimos distinguir a crueldade dos nossos agressores, o quão profundamente eles nos magoaram, deixando de lado outras coisas importantes, que precisariam ser vistas e compreendidas com isenção, tais como: as circunstâncias em que se deram os fatos e o grau de consciência das criaturas nele envolvidas.

Ao invés de considerarmos o Perdão como sendo um gesto virtuoso, uma manifestação de superioridade e de nobre generosidade, melhor faremos ao entender o Perdão como uma atitude de profunda libertação, algo realmente indispensável à nossa saúde e ao nosso progresso espiritual. (Como avançar, se estamos agrilhoados ao peso de ressentimentos de qualquer tipo? Como merecer a compreensão do próximo, se lhes negamos a nossa própria compreensão? Como amar e ser amado plenamente, se o nosso coração abriga secretos rancores? Como enxergar as maravilhas da existência, todas as belezas do universo cósmico, se os nossos olhos estão voltados unicamente para as nossas feridas e para aqueles que as causaram?)

Conceder o Perdão Sincero é, também e ainda, desapegar-se do passado e assumir a consciência do presente, do hoje, do agora, do tempo real de que dispomos para viver nossos aprendizados pessoais e conquistar nossos grãos de sabedoria.

As duas secretárias

(Exceto pela substituição dos nomes reais por nomes fictícios, esta é uma história absolutamente verdadeira, acontecida em Nova Iorque, num passado não muito distante.)

De um grupo de vinte e oito jovens secretárias, todas magnificamente qualificadas, Lisa e Mary Ann foram as únicas a atingir a pontuação máxima nos rigorosos testes de seleção da C. W. C. — uma das mais importantes empresas da América, com sede em Nova Iorque.

Devidamente contratadas, passaram a freqüentar o curso especial de treinamento, durante três dias. Ambas saíram-se muito bem, concluíram mais essa etapa e foram encaminhadas a seus respectivos postos de trabalho, num mesmo departamento, em mesas vizinhas.

A alegria da contratação, aliada aos desafios das primeiras semanas, propiciou a aproximação entre as duas moças, que logo se tornaram boas amigas.

Lisa era nova-iorquina e morava com a mãe, uma senhora viúva. Mary Ann acabara de chegar da Costa Oeste, mal conhecia a cidade e dividia um pequeno apartamento com duas outras garotas, também funcionárias da C. W. C.. Ainda que pagando apenas um terço do aluguel, Mary Ann não se achava satisfeita com os hábitos de suas colegas de moradia. Elas saíam quase todas as noites e só voltavam depois das duas da madrugada, rindo, falando bastante alto e derrubando objetos no piso do banheiro.

"Tenho dormido tão mal...", queixava-se Mary Ann à amiga Lisa. "Nem posso reclamar, pois sei que elas logo colocariam alguma outra menina em meu lugar!"

"Você gostaria de morar lá em casa, Mary Ann?" perguntou-lhe Lisa, certo dia. "Já falei com a mamãe e ela achou que seria uma ótima idéia."

Mary Ann exultou: "Eu simplesmente adoraria, Lisa! Mas... não posso pagar mais do que já estou pagando para as garotas."

"Negócio fechado!" concluiu Lisa, estendendo a mão para selar o acordo.

Mary Ann mudou-se na semana seguinte, tendo sido muito bem recebida por Mildred, a gentilíssima mãe de Lisa, que a acomodou no quarto que pertencera a seu filho Paul, um oficial da Aeronáutica, atualmente residente em uma base militar sulina.

Os meses foram passando e tudo caminhava às mil maravilhas.

Mais dinâmica e mais simpática do que Lisa, Mary Ann foi, pouco a pouco, ganhando destaque no departamento. Seu talento para contornar situações difíceis, sempre encontrando as soluções mais originais, fez com que um dos diretores da C. W. C., o sr. O'Hara, a requisitasse para si, no cargo de secretária particular — função esta cujo salário era fantasticamente maior.

Lisa parabenizou efusivamente a amiga, parecendo estar sinceramente entusiasmada. "Que oportunidade fantástica!" afirmou sorrindo. "Você bem a merece, Mary Ann. Só lamento o fato de não podermos mais trabalhar juntas!"

Realmente, na semana seguinte, Mary Ann já se transferia para o último andar do edifício, onde todos os diretores mantinham seus amplos e luxuosos escritórios. Como secretária particular, a garota da Costa Oeste ganhou uma sala própria e, para seu total espanto, o direito de requisitar para si mesma uma secretária. Todavia, do alto de sua experiência, o sr. O'Hara fez uma advertência e transmitiu sua primeira ordem à Mary Ann: "Nem pense em requisitar uma dessas mocinhas lerdas e sem iniciativa, pois você vai precisar de muita ajuda aqui. Escolha a melhor dentre suas antigas colegas de departamento."

Cumprindo a determinação de seu novo chefe, Mary Ann voltou ao seu antigo departamento, escolheu três jovens de sua preferência, entre elas sua amiga Lisa, as quais deveriam submeter-se a um pequeno processo de seleção. Os testes foram aplicados e a srta. Brenda recebeu a pontuação máxima. Consternada, Mary Ann tentou explicar à amiga Lisa que, infelizmente, não a teria como secretária. O resultado dos testes era indiscutível e o sr. O'Hara haveria de o conferir pessoalmente.

Lisa não conteve sua revolta. "Agora você já não precisa mais de uma velha amiga! Espero que tenha a decência de se mudar lá de casa o quanto antes, Mary Ann!"

"O que você está dizendo, Lisa? Nós sempre fomos tão amigas, apenas..."

Lisa inflamou-se: "Não tente ser espertinha comigo. O que você fez foi imperdoável!"

Quando Mary Ann deixou o apartamento da amiga, Mildred tentou justificar o mau comportamento da filha: "A Lisa está misturando as coisas, meu bem. Seja compreensiva e não guarde rancor dela!"

Mary Ann beijou a testa de Mildred e partiu, visivelmente triste.

Nas semanas seguintes, sempre que Mary Ann tentava aproximar-se de Lisa, esta lhe dava as costas e afastava-se acintosamente, fingindo pressa. A profunda decepção que Lisa sofrera não tardou a transformar-se em ódio. E esse ódio foi alterando a personalidade da jovem, prejudicando suas relações com as demais colegas e desencadeando diversos conflitos, diversos desentendimentos.

Tudo o que Lisa queria era encontrar uma forma de se vingar de Mary Ann. Então, depois de muito maquinar, encontrou essa forma. Todos sabiam, na C. W. C., que a esposa do sr. O'Hara era uma mulher arrogante, extremamente ciumenta e caprichosa. Portanto, se recebesse algumas cartas anônimas... relatando um possível romance entre o marido e sua nova secretária...

As cartas, três ao todo, foram enviadas. A primeira delas continha sutis insinuações; as duas outras chegavam a descrever detalhes obscenos e referiam-se a Mary Ann como "aquela que quer subir na vida a qualquer preço".

Em vão o sr. O'Hara tentou acalmar a esposa. Disse-lhe enfaticamente que tudo aquilo não passava de calúnia. Bufou, esbravejou, mas acabou cedendo ao ultimato: "Ou você demite aquela tal Mary Ann... ou começa a se preparar para o divórcio!"

Mary Ann foi demitida. A srta. Brenda assumiu seu lugar e acabou contratando Lisa como sua secretária.

Mildred ficou muito feliz com a promoção da filha. Entretanto, não conseguiu entender por que Mary Ann fora despedida. "Ela parecia ser tão boazinha e competente, Lisa... O que pode ter acontecido?" "Ora, mamãe, ela deve ter cometido alguma falta grave. O pessoal andou comentando que houve um problema envolvendo o talão de cheques do sr. O'Hara... Bem, não nos devemos importar com o motivo da dispensa de Mary Ann, mamãe. Sua filha está feliz e ponto final!"

Não era verdade que Lisa estivesse feliz. Ela queria estar, mas sua consciência a incomodava. "Agora é tarde para arrependimentos", dizia para si mesma. "O que está feito está feito!"

Mary Ann, por sua vez, submeteu-se a diversos testes de seleção, em empresas de todos os portes. Sempre se saía muito bem e ficava entre os candidatos finalistas, mas, quando lhe perguntavam o motivo de sua saída da C. W. C., ela dava respostas vagas e, com isso, despertava nítidas suspeitas nos prováveis empregadores. Por fim, era gentilmente preterida.

Como o seu dinheiro estivesse escasseando rapidamente, ela teve de contentar-se com um emprego bem abaixo de suas qualificações. Colocou o orgulho de lado e assumiu as funções de garçonete em um grande restaurante, próximo do majestoso edifício da C. W. C..

O que era muito provável, aconteceu: Mary Ann e Lisa encontraram-se, certo dia. Trocaram olhares e cumprimentaram-se a distância.

Ao sair do restaurante, Lisa sentiu-se desconfortável com sua consciência. Estivera imaginando que Mary Ann tivesse encontrado alguma colocação à sua altura; jamais a imaginaria metida num uniforme, equilibrando bandejas cheias de pratos e de copos.

Naquele dia, voltou mais cedo para casa. Estava com uma forte dor de cabeça e tudo o que queria era se deitar no escuro de seu quarto.

À noite não conseguiu dormir. Ficou andando em círculos pelo quarto, pensando na incômoda situação de Mary Ann, nas dificuldades que ela devia estar passando. Quase ao amanhecer, decidiu tomar um tranqüilizante. Escreveu um bilhete para a mãe, dizendo que iria faltar ao trabalho.

No dia seguinte despertou mais bem disposta. Telefonou à Brenda desculpando-se e tirou a tarde de folga para fazer algumas compras. Acreditando ter superado o desconforto de consciência, resolveu seguir seu próprio caminho e não mais pensar nas desgraças de Mary Ann.

Tudo transcorreu mais ou menos dentro da rotina durante algumas semanas. Contudo, ao defrontar-se inesperadamente com a altiva sra. O'Hara, que fora fazer uma visitinha de surpresa ao marido, Lisa foi acometida de um novo e sufocante ataque de remorso. A partir desse ponto, sua vida começou a entrar em colapso. Já não conseguia concentrar-se nas tarefas que Brenda lhe delegava; constantemente recorria aos analgésicos para combater as cefaléias que surgiam inesperadamente e custavam a desaparecer; passou a consultar diversos médicos especialistas, sendo que nenhum deles lhe oferecia conforto psicológico ou a cura de seus transtornos físicos.

Não podendo sustentar aquela situação por mais tempo, Brenda foi forçada a solicitar o afastamento temporário de Lisa. Encaminhada ao departamento médico da C. W. C., esta recebeu uma licença para tratamento de saúde.

Mildred, bastante preocupada, assistia à decadência da filha, que não mais queria sair do quarto e vivia a queixar-se de dores em todas as partes do corpo.

Percebendo que, dia a dia, se aproximava de um abismo, Lisa orou fervorosamente a Jesus, suplicando pela restituição da saúde perdida. Estava ainda segurando um pequenino crucifixo de prata, quando soou a campainha do apartamento.

Mildred abriu a porta e viu-se diante de Mary Ann.

"Boa-tarde, Mildred. Brenda disse-me que Lisa está muito doente. É verdade?"

"Quem está aí, mamãe?"

"É Mary Ann, minha filha. Ela veio visitá-la!"

Lisa surgiu à porta do quarto. Tão fraca estava,

que precisava agarrar-se firmemente ao batente para não cair. De seus lábios pálidos saiu a frase sincera e comovida: "Foi Jesus que a trouxe aqui, Mary Ann!"

A garçonete, ainda vestindo o alvo uniforme do restaurante, não pôde conter o espanto.

"Lisa, você me parece muito debilitada! Não fique aí de pé, menina. Deixe-me ajudá-la..." — e aproximou-se com Mildred, para acomodar a enferma em uma poltrona próxima.

Já sentada, Lisa tomou as mãos de Mary Ann e disse-lhe: "Agora já existe uma esperança para mim. Eu sei... eu sinto... Graças a Deus você está aqui, Mary Ann... Eu quero confessar-lhe uma coisa muito terrível..."

Mildred a interrompeu: "Não fique tão agitada, filhinha. Você precisa tomar uma de suas pastilhas azuis..."

Lisa fechou os olhos marejados de lágrimas e murmurou: "Não, minha mãe, a senhora está redondamente enganada. A minha cura só depende de um remédio... e esse remédio é o perdão de Mary Ann!"

Mary Ann não lhe negou a cura.

CAPÍTULO 9

O REMÉDIO DA FÉ ESPIRITUAL

O Remédio da Fé Espiritual é aquele que propicia as mais surpreendentes curas — tornando possível o que parecia ser "impossível" — por viabilizar todos os processos de restauração do equilíbrio, no corpo como na mente das criaturas. É também o Remédio que, nas mais diferentes situações da vida, sempre nos oferece um apoio sólido, uma boa esperança, uma redentora visão da luz no final do túnel escuro das nossas aflições.

Ter Fé Espiritual é ter plena confiança nos ilimitados Poderes emanados de Deus e na Força Redentora dos Iluminados Entes Superiores*; é acreditar na existência de uma Influência Cósmica Benig-

** Espíritos de grande elevação: Mestres, Santos, Seres de natureza angélica, bem como todas as chamadas Entidades de Luz.*

na, capaz de transformar positivamente todas as faces da Realidade.

As criaturas humanas — todas elas — detêm algum tipo de fé. Alguns têm fé em suas próprias capacidades, enquanto outros têm fé nas capacidades alheias; há quem creia cegamente nas Ciências; na sabedoria dos filósofos; nas visões dos profetas; em alguma ideologia política; na magia de um talismã; na lógica dos matemáticos; no poder do dinheiro; na ação benéfica de espíritos que habitam mundos superiores; na influência dos astros; na discutível importância da beleza física; na supremacia de uma raça sobre todas as outras; no cultivo de determinadas virtudes; na retidão da Justiça; na vitória dos instintos sobre a razão, ou na vitória da razão sobre os instintos; na força do Amor e da Bondade, ou no exercício do Mal, das violências; em um Sentido Transcendental que comanda a vida, ou, ainda, na ausência absoluta de qualquer sentido, no vazio, no caos...

Independentemente da natureza e da modalidade de fé que se possua, cada crença define um caminho a seguir, uma trilha de atitudes a serem manifestadas, um destino específico para a própria existência. E, ao contrário do que supõe a maioria das pessoas, é sempre a fé que carrega os indivíduos, movendo-os de um lugar para outro, e não os indivíduos que carregam a fé para diferentes lugares, conforme queiram.

A fé move os homens e não pode ser movida por eles; a fé determina ações e não pode ser determinada pela ação de terceiros; a fé germina, brota e cresce espontaneamente, mas não pode ser cultivada em quaisquer corações à revelia deles.

Entregues à nossa Fé Espiritual, somos guindados às plataformas superiores da sensibilidade; as nossas percepções se ampliam consideravelmente, a ponto de conseguirmos estabelecer íntimos contatos com o núcleo imortal do nosso Eu, a nossa alma, a nossa Essência Divina — que detem saberes, poderes e habilidades tão imensos quanto a própria vastidão da natureza cósmica. E é justamente essa Essência Divina quem se encarrega de potencializar a nossa vontade, transformando-a em *volição* (vontade imensa e poderosa), e quem transporta as nossas preces, as nossas súplicas e esperanças, até seu destino final.

A Fé Espiritual pode mesmo "mover montanhas", desde que o movimento dessas "montanhas" não resulte no desequilíbrio das Leis da Natureza Cósmica.

Ao ser ativado pela volição humana, o extraordinário poder da Fé Espiritual resulta na formação de uma "linha de energia psíquica". Por essa "linha" os nossos sentimentos e pensamentos são conduzidos diretamente ao misterioso e indefinível seio do Poder Divino, de onde reflui a nós, na forma de um alento ou de uma milagrosa transformação.

Os principais instrumentos da Fé Espiritual são a Prece, a Bênção e a Meditação, sendo esta última um estado que reúne, simultaneamente, Serenidade, Harmonia e Introspecção.

A Fé Espiritual pode manifestar-se de incontáveis maneiras. Nós a reconheceremos, por exemplo, em determinadas expressões artísticas que nos inundam de Beleza e de Harmonia: na música que eleva nosso espírito, na dança que nos encanta e arrebata, na poesia que nos leva às mais sutis percepções... Nós a encontraremos, também, nos gestos compassivos de alguém que se dedica a aliviar o sofrimento do próximo, e naquela criatura que, silenciosa e discretamente, fecha os olhos para rezar sua prece mais sincera. Em qualquer parte, enfim, poderemos ter o privilégio de observar autênticas manifestações da Fé Espiritual. Porém, quando contemplamos atitudes desequilibradas, exacerbadas, gritos e convulsões que supostamente eclodem em nome de Deus ou à sua glorificação, podemos estar certos de que não estamos diante da verdadeira Fé Espiritual — e sim diante de meras explosões de emoções até então represadas, e provavelmente doentias.

Nada pode ser mais íntimo, mais discreto e pacífico, do que a verdadeira Fé Espiritual. Ela não cresce pelo "lado de fora" das criaturas; cresce pelo "lado de dentro", no sagrado aconchego do coração, onde cada qual pode desfrutar toda a paz de si mesmo e, estando mergulhado nessa paz, encontrar os caminhos que conduzem ao Sublime Poder e ao Inesgotável Amor de Deus!

O dente de Buda

(Esta é uma história muito antiga, que já foi contada e recontada nas mais diferentes versões — todas elas mantendo a mesma essência exemplar, a mesma mensagem de valorização da Fé Espiritual.)

Boa filha, boa mãe e boa esposa, Shubba era conhecida por sua generosidade sem limites. Além de cuidar da família, cuidava também dos vizinhos mais pobres e de todos os desvalidos itinerantes que batiam à sua porta. Por isso era muito querida e respeitada em sua aldeia.

Um dia, porém, Shubba adoeceu. Sua família e a imensa legião de amigos que ela conquistara ao longo da vida ficaram consternados. "Como ajudar", perguntavam-se, aflitos, "aquela que tanto fez por todos nós?"

A própria enferma se mostrava cada vez mais apreensiva com o agravamento de sua moléstia, pois sabia que ainda havia muito a fazer pelas pessoas necessitadas, principalmente pelos pobrezinhos que vagavam pelas ruas, sem família, sem ninguém a quem recorrer. "Quem cuidará desses infelizes", pensava, "se eu partir tão cedo desta vida?" Mulher de grande fé, Shubba começou a orar fervorosamente, pedindo a restituição da saúde.

Por essa época, comentava-se que, num monastério distante, existia uma relíquia extremamente milagrosa: um dente de leite que pertencera ao próprio Buda. O dente do Iluminado, dizia-se, já curara muitos enfermos desenganados. Por que, então, não haveria de curar também aquela generosa mulher, aquela santa criatura?

Como Shubba não tinha condições de empreender viagem tão longa, o povo se reuniu e juntou uma sacola de moedas, dinheiro suficiente para enviar um monge ao tal monastério distante, com a missão de trazer sob sua custódia o milagroso dente de Buda. Para que sua missão alcançasse sucesso, o monge levaria consigo muitas cartas de recomendação, assinadas pelos mais ilustres religiosos da região.

Assim, numa calma e ensolarada manhã, sob os esperançosos olhares de toda a população da aldeia, o monge partiu em busca da relíquia.

Esse monge, contudo, ainda era jovem e inexperiente. No segundo dia de viagem, foi abordado por uma mulher chorosa, que lhe contou a mais triste das histórias e acabou levando consigo algumas moedas da sacola. No terceiro dia, o religioso foi atacado por um bando de ladrões e ficou sem o restante do dinheiro. Até mesmo as preciosas cartas de recomendação foram levadas pelos bandidos. E, para completar a desgraça, durante o assalto seu pé direito sofrera um gravíssimo entorse. "Agora já não poderei seguir adiante", lamentou-se. "Sem dinheiro, sem as cartas e assim machucado, como obter o milagroso dente de Buda?"

Para sua sorte, o jovem monge foi acolhido por uma família piedosa. Recebeu comida, hospedagem e todos os cuidados necessários à recuperação do pé luxado. Ficou sob a proteção daquela boa gente durante três semanas, ao fim das quais já podia caminhar novamente, sem o auxílio de qualquer apoio.

Despediu-se de seus benfeitores e, sentindo-se o mais miserável dos homens, retomou o caminho de volta à aldeia.

Vencidos os primeiros quilômetros, parou para descansar. Sentou-se sobre um tronco caído e começou a mastigar um pedacinho de pão. Nesse momento começou a sentir um odor nauseante. Olhou ao redor e deparou-se com o corpo apodrecido de um cão. O cadáver do animal estava nas sombras, semioculto pelo capim alto, mas sua dentadura alva resplandecia iluminada por uma réstia de sol.

O monge, então, teve a idéia de arrancar um daqueles dentes branquíssimos, um bem pequeno, que poderia ser limado em uma pedra áspera até se assemelhar ao dente de uma criança. E foi o que fez.

De volta à aldeia, trazendo consigo o dente do cão morto, o monge foi cercado pelo povo. "Conseguiste a relíquia?", quiseram saber. "Sim, disse ele, sem demonstrar qualquer pudor pela mentira. "O dente do Iluminado está bem aqui, sob minhas vestes!"

Sem demora foi levado à casa de Shubba, cuja doença progredira bastante.

Ao ver-se diante do monge, a generosa mulher caiu em prantos, emocionada e feliz.

A suposta relíquia foi delicadamente colocada na palma de sua mão.

"Ó Maravilhoso Buda", exclamou Shubba, "salvai-me da morte, para que eu possa continuar socorrendo os aflitos!"

Não suportando assistir a tal cena, o monge tapou o rosto com as mãos.

A multidão que se comprimia em torno do leito

da enferma arregalou os olhos. Na palma da mão de Shubba, o pequeno dente começava a ganhar uma luminosidade sobrenatural, um brilho intenso e amarelo como o reflexo do ouro ao sol.

Vozes trêmulas exclamaram em coro: "Ela será curada! Ela será curada!"

E a generosa Shubba sorriu, enternecida. Depois, afastou as cobertas, e abandonou o leito. Suas faces, antes encovadas, ganharam carnes firmes e rosadas; as pernas, antes entrevadas e finas, fizeram-se fortes e sãs. E ela caminhou para fora da casa. Estava completamente curada. Curada pelo poder de sua própria Fé Espiritual, que transformara um simples dente de cão... no milagroso dente de Buda!

Capítulo 10

OS OUTROS REMÉDIOS DA ALMA
CONSIDERAÇÕES FINAIS

Os capítulos anteriores apresentaram os nove principais Remédios da Alma. Existem muitos outros, é claro, mas, sejam eles quais forem, o leitor pode estar certo de que estão contidos em um ou mais dentre os nove Remédios básicos.

Por exemplo: o Remédio da Paciência (tão necessário ao combate dos estados ansiosos) está contido no da Tolerância, pois quem consegue tolerar o andamento natural das situações é naturalmente paciente; o Remédio da Humildade está contido no do Comedimento e também no da Percepção Perfeita, porquanto somos humildes se temos uma visão equilibrada de nós mesmos, da nossa real importância, sem exageros e mercê de uma percepção perfeitamente nítida do valor de todas as coisas que existem; o Remédio da Coragem está contido no da Percepção Perfeita, posto que uma visão lúcida e bem proporcionada dos fatos destrói completamente o medo, e no do Desapego, visto que este se traduz no destemor em relação a todas as perdas possíveis; o Remédio da Confiança Plena está contido no da Fé Espiritual, pois quem crê plenamente, também confia plenamente; o Remédio da Equanimidade (imparcialidade, ações e pensamentos justos) está contido no da Percepção Perfeita, porque uma visão clara e corretamente dimensionada nos leva a pensar e agir com justiça... Como pode perceber o leitor, seria praticamente impossível enumerar todos os Remédios secundários e terciários, derivados dos nove principais. Entretanto, se nos fixarmos nestes, se os buscarmos com sincera e serena determinação, encontraremos os caminhos sólidos que nos conduzem à saúde psíquica. E esta, uma vez conquistada, é o mais poderoso agente terapêutico até então conhecido. Uma mente sã, harmoniosa, livre do *stress*, é a base de um corpo físico realmente saudável.

Não é nada fácil, obviamente, atingir o estado da perfeita saúde psíquica. As pressões do mundo moderno, a luta pela sobrevivência e as preocupações com as múltiplas formas de violência que vicejam nas grandes cidades são fatores negativos quase inevitáveis. Mesmo assim, é preciso recorrer a toda a capacidade que se tenha e dar início à grande obra do reequilíbrio emocional. É nela que repousa a esperança de uma vida mais feliz, mais serena, mais sã. Não importa quantas e quais sejam as dificuldades que nos perturbem; precisamos superá-las, vencê-las uma a uma, dia a dia, hora a hora, minuto a minuto...

Neste alvorecer do Novo Milênio, muitos são os recursos terapêuticos que se colocam à disposição do homem comum, para ajudá-lo a reequilibrar-se. As chamadas Medicinas Alternativas, fundamentadas no princípio energético que rege a vida física, estão ganhando fervorosos adeptos. Isto não quer dizer que a Medicina Tradicional esteja se tornando dispensável, mas simplesmente que "novos métodos de cura" já se podem somar a ela, sem gerar quaisquer conflitos terapêuticos, e resultando em maiores benefícios aos pacientes. Um exemplo dessa integração liberta de preconceitos nos é fornecido pela crescente aceitação dos "Remédios Florais de Edward Bach" — que já são receitados por muitos médicos, paralelamente aos fármacos convencionais.

Todavia, independentemente de quaisquer recursos terapêuticos externos, o homem que busca a felicidade, a verdadeira paz de espírito, não pode omitir-se do indispensável "Trabalho Sobre Si Mesmo", da obra constante e silenciosa em prol da sua própria harmonização. E essa obra começa com a firme vontade de transformar-se em uma criatura melhor. Parar de sofrer, todos querem. Quantos, porém, aceitam que seus sofrimentos só desaparecerão quando conseguirem transformar a própria maneira de pensar, de sentir e de agir?

Enquanto as pessoas continuarem persistindo no erro de esperar por uma "solução milagrosa" — que surja graciosamente e coloque um ponto final em todas as suas aflições — estarão distanciando-se cada vez mais da verdadeira cura de seus males. É preciso caminhar ao encontro do que se pretende. No caso, caminhar ao encontro das soluções reais, sem autopiedade, sem esmorecimento, sem recusar responsabilidades.

Se caminharmos, passo a passo, em direção às soluções reais, nós as alcançaremos. Talvez não o façamos em dias, mas em semanas, meses ou anos. Não importa quanto tempo leve; seguir em frente é fundamental para o crescimento interior de todas as criaturas. O "lado de dentro", a verdade essencial de cada um é sempre mais importante do que o "lado de fora" — aquilo que se aparenta ser e, na maior parte das vezes, não se é. Esta verdade de si mesmo, oculta, invisível e, ao mesmo tempo, vital ao desenvolvimento espiritual, deve ser respeitada e dignificada a qualquer custo. Cada um de nós é a Verdade de Si Mesmo, e não a personagem que aparenta ser. É com a nossa mais íntima Verdade que adormecemos ao fim de cada dia. Com ela atravessamos o nosso tempo existencial, da infância à velhice, da vida à morte, e da morte à uma nova forma de vida.

À Verdade Essencial de cada leitor eu dedico este "Pequeno Livro dos Remédios da Alma". Nele estão as "chaves" que podem abrir muitas "portas", e atrás dessas portas se desdobram muitos Caminhos. Todos esses Caminhos levam à Paz, à Saúde, à Felicidade; todos eles são ascendentes, evolucionais; todos eles culminam na Plenitude do Amor de Deus.

Aqui estão, portanto, algumas "chaves", algumas

"portas" e alguns "caminhos". Agora, cabe unicamente a ti, leitor, a decisão de dar ou não um primeiro passo...

Sumário

IMPRESSO NA GRÁFICA PALAS ATHENA